直播电商 2.0

直播卖货全攻略，淘宝、抖音、快手、微信平台全通用

杨浩 / 著

直播电商教父、2018天猫双十一晚会核心主创 杨浩首部著作

机械工业出版社
CHINA MACHINE PRESS

所有行业都在直播卖货。直播，是带货的标配而不是选配。为什么直播带货如此火？因为直播从"商品与人的对话"，变成了"人与人的对话"。

何时入场最合适？最好的机会是三年前，其次就是现在。在当下这个时间节点，直播带货，已经蓄足势能，等待彻底爆发。

直播电商在未来3年内的人才缺口是百万级的！

如果你是一个刚刚进入直播电商行业的新手，正在从事直播电商运营的相关工作，那么恭喜你，读完本书并将知识不断运用到实际工作中，假以时日，你很有希望成为一个月入数万元的直播运营专家。

如是你是一个商家，除了筛选优秀主播，你也非常需要这本书，本书将教会你如何做好直播带货、直播策划、直播运营、直播数据分析、产品和供应链怎么玩、直播运营团队怎么搭建等全环节、全流程的工作，并且帮你利用好直播工具，实现年入千万元销售额。

图书在版编目（CIP）数据

直播电商 2.0 / 杨浩著 . — 北京：机械工业出版社，2020.7（2021.1 重印）
ISBN 978-7-111-65729-3

Ⅰ.①直⋯　Ⅱ.①杨⋯　Ⅲ.①电子商务-网络营销　Ⅳ.① F713.365.2

中国版本图书馆 CIP 数据核字（2020）第 090532 号

机械工业出版社（北京市百万庄大街 22 号　邮政编码 100037）
策划编辑：胡嘉兴　责任编辑：胡嘉兴　坚喜斌　李佳贝
责任校对：李　伟　责任印制：孙　炜
北京联兴盛业印刷股份有限公司印刷
2021 年 1 月第 1 版第 2 次印刷
145mm×210mm・6.5 印张・3 插页・135 千字
标准书号：ISBN 978-7-111-65729-3
定价：69.00 元

电话服务	网络服务
客服电话：010-88361066	机　工　官　网：www.cmpbook.com
010-88379833	机　工　官　博：weibo.com/cmp1952
010-68326294	金　　书　　网：www.golden-book.com
封底无防伪标均为盗版	机工教育服务网：www.cmpedu.com

Preface 前　言

2016年，我加入了淘宝直播，严格来说，我算得上是淘宝直播的第一批加入者。当时，和我一起加入的人，还有我的助理佳佳，时光荏苒，在不知不觉中，她已经做了我4年的淘宝直播运营合伙人。

记得在2019年年底，我和佳佳曾一起讨论过公司的未来发展与规划，当我们谈到招聘计划时，她强调说："你知道吗？在杭州，目前有公司招一位具有2年经验的电商直播运营，月薪要涨到1~2万元，有4年经验的运营人员，月薪都是5万元起。"

她的这番话，给我传递了两个信号：一是目前的直播电商运营人才缺乏，聘请成本很高；二是我该给佳佳涨工资了。而她传递给我的第一个信号，也正是我写作本书的主要原因。

相信在许多人的印象里，直播都是一个很赚钱的行业，而且大多数人会认为在直播行业里，主播是最为稀缺的职位。然而真实的情况是，直播的确赚钱，但相对于主播，直播行业最稀缺的职位是站在主播光环背后的运营。

不可否认的是，直播带货的方式如今的确很火，不仅仅是淘宝，包括抖音、快手、蘑菇街、今日头条等许多平台都适时跟风，开通了直播功能，试图分得直播电商时代的一杯羹。就连微信平台也紧随其后，开通了直播功能，加入了这场直播带货的狂欢中。

直播行业爆火以后，专业的直播运营人才也变得十分稀缺和珍贵。于是，我们看到，直播运营岗位的薪酬呈现出了这样的趋势：入门级运营的工资在4000元左右，在工作了3~5个月后跳槽至新公司，能拿8000元左右，如果能在知名一点的公司或供应链机构再工作几个月，月薪基本在1~2万元，甚至也会有公司开出3万元或5万元的薪酬。

行业内的"大佬"们更是直言：在未来3年内，直播运营的人才缺口是百万级的。

看到这里，你是否有些心动，也想去尝试做直播运营呢？然而，高工资意味着高付出，在拥抱直播行业、成为直播运营之前，首先你还必须拥有专业的直播运营知识。

然而，目前市场上针对直播运营的实操知识并不多，大部分也只是一些零零散散的理论知识，并没有形成体系，让大多数人无从下手。而本书的出版，正好填补了这一空缺。

作为一本实用的直播带货工具书，本书是我和我的团队通过实战经验梳理、资料收集、案例分析等方式撰写出的，提炼总结出了一套可借鉴、易上手、好操作的直播带货方法。无论你是直播前端的网红、自媒体，还是直播中端的运营、直播后端的商家和供应链机构，你都可以从中学到前沿、实用、系统的直播带货知识。

总结起来，本书主要有以下几大特色：

充满干货的方法论和案例分析。本书的内容是我多年从事直播行业所积攒下来的经验，将为您提供全方位、全流程的直播带货指南。

轻松入门，易学易懂。本书的内容通俗易懂，无论你是直播运营新人还是直播运营高手，都能在阅读本书的过程中有所收获。

详细全面，丰富拓展。本书介绍了从平台选择、开播筹备、脚本策划，到销售话术、人气暴增、爆款包装，再到数据分析、流量提升、商家必读、产品供应链、危机公关的全部内容。以期帮助您解决直播运营过程中的全部问题，让您在直播运营的过程中少走弯路。

"长风破浪会有时，直挂云帆济沧海"，学习直播运营不会一蹴而就，相信通过我的讲解和你坚持不懈的努力，终有一天，你也能够经营出"卖断货"的直播间！

目录

前言

第 1 章　直播，是带货的标配而不是选配 001

1.1　直播，是电商和新零售的未来　002

1.2　直播是商家"品宣 + 带货 + 吸粉"的最佳渠道　006

1.3　直播电商发展的 4 个阶段　010

1.4　进军直播行业的最佳时机，就是现在　013

第 2 章　平台选择：4 大直播平台的优势及用户画像分析 017

2.1　淘宝直播：流量大，品类多，以女性为主　018

2.2　快手直播：简单粗暴，乡镇为主　022

2.3　抖音直播：流量大，长尾效应大　027

2.4　微信直播：去中心化，流量大　031

第 3 章　开播筹备：第一次直播带货需要准备的 4 样东西 043

3.1　准备 1：直播带货必备心态　044

3.2 准备2：找对标竞品，调研同类型账号 047

3.3 准备3：熟悉各大直播平台规则 051

3.4 准备4：做好试播和时间规划 054

第4章 脚本策划：针对产品，策划出一个单场卖货1亿元的直播脚本 059

4.1 通用版：直播脚本的通用模板 060

4.2 进阶版：直播促销项目的脚本策划思路 064

4.3 高级版：直播互动活动的脚本策划和玩法 067

第5章 销售话术：5步销售法和10个常用的直播间应答方式 071

5.1 直播间的5步销售法 072

5.2 直播间的10个常用应答方式 077

第6章 人气暴增：从0开始实现10000人观看和涨粉 083

6.1 提升直播间人气的4个技巧 084

6.2 站外分享提升直播间人气的3个途径 088

6.3 新手主播吸粉最有效的3个方式 090

6.4 观看量和涨粉效果俱佳的直播间的
4 个共同点　093

第 7 章　爆款包装：千万流量验证过的直播预告、爆款标题和封面 101

7.1 直播预告的发布　102

7.2 千万流量验证过的封面图　107

7.3 爆款标题的书写　110

第 8 章　数据分析：不懂数据分析，直播 12 个小时也没用 117

8.1 为什么要做直播数据分析　118

8.2 直播数据运营的日常工作　120

第 9 章　流量提升：6 个上热门的流量规则 127

9.1 规则 1：直播电商将呈现内容垂直化趋势　128

9.2 规则 2：挑选或修炼成为头部主播　131

9.3 规则 3：维护老用户　135

9.4 规则 4：合适的时间安排　136

9.5 规则5：打造一个被千人千面算法
识别的标签 139

9.6 规则6：把公域流量转化为私域流量 143

9.7 要不要买流量 148

第10章 商家必读：商家如何与主播合作及搭建直播团队 153

10.1 商家和主播合作的3种直播模式 154

10.2 商家和主播的完整合作链路 157

10.3 直播团队的构成和要求 161

10.4 直播带货公式：引导需求＋信任＋值＝100%
转化率 164

第11章 产品供应链：常见的5个直播供应链玩法 171

11.1 直播产品供应链的发展趋势 172

11.2 批发档口模式 174

11.3 尾货组货模式 177

11.4 品牌集合模式和品牌渠道模式 179

11.5 代运营模式 184

第 12 章　危机公关：直播带货背后的信任纽带如何维系................189

12.1　危机公关无处不在　190

12.2　李佳琦直播不粘锅翻车，如何应对　191

第1章

直播，是带货的标配而不是选配

如果说2016年是直播的诞生元年，那么2019年就是直播的兴起元年。自从2018年的淘宝直播"造风"后，"直播带货"这股强风正式在2019年"刮"起，人们纷纷入局来抢占直播风口，似乎只要是有人的地方，就会诞生一个直播间。在这样一种趋势的影响下，电商行业甚至出现了"无直播，不电商"的口号，可以说，直播已经成为带货的标配。

1.1 直播,是电商和新零售的未来

2020 年,新浪微博每周的实时热搜榜上,几乎都会出现一个跟直播相关的关键词。2020 年 4 月,淘宝主播薇娅竟然开始在直播间里卖火箭!这不禁引来各路网友的纷纷议论,"薇娅卖火箭"的词条也被推上了热搜榜。让人意想不到的是,价值 4000 万元的火箭竟然在薇娅的直播带货下成功卖出!这不得不让人惊叹:直播的力量真强大!

这件事情彻底说明了一个事实:从 2019 年开始,直播带货就像一匹"黑马",已经彻底"出圈"。

1.1.1 直播爆火,开启了电商的直播新周期

在直播这种形式刚诞生的时候,热度也非常高,比如斗鱼、熊猫、映客等平台上的直播内容吸引了很多用户观看,但随着时间的流逝,这类直播平台的热度渐渐下降,其中熊猫直播平台甚至直接破产倒闭。

2019 年的"双十一"购物节,李佳琦和薇娅的直播间观看人数,分别达到了 4315.36 万与 3683.5 万,在淘宝网红的联合作用之下,直播这个"匆匆过客"又"火"了一把。与以往不同的是,如今的直播行业打破了以往的秀场模式,更多地与电商和新零售联合在一起,形成了完整的商业模式。

不仅是淘宝,其他模式的电商平台也通过直播达到了良好的营销效果,比如主打女性时尚电商的蘑菇街,通过直播,目前已获得2100万女性活跃用户;再比如兴盛优选也在其小程序中上线了网红教做菜的视频,轻松带动起某一农产品的销量。据了解,兴盛优选在2019年10月的日订单量超4万单,GMV(网站成交金额)突破12亿元。

如果认真梳理电商的发展历程会发现,在直播的引领下,如今的电商已经发生了翻天覆地的变化,归纳起来,电商发展一共经历了四个阶段(见图1-1)。

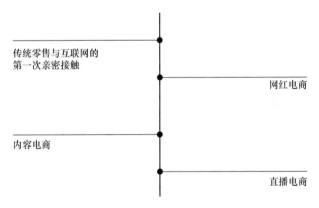

图1-1 电商发展的四个阶段

第一阶段:传统零售与互联网的第一次亲密接触

在这个阶段,人们对电商概念的理解程度较浅,一般认为淘宝、京东等平台就是电商平台,这些平台里的流量就是电商流量。

第二阶段：网红电商

在这个阶段，电商主要体现为网红、达人直播电商。

第三阶段：内容电商

从 2017 年下半年开始，短视频兴起，抖音、快手等平台深受大众喜爱，越来越多的商家和品牌也基于流量诉求和品牌诉求，纷纷布局短视频平台，力图收割流量红利。于是，以内容电商为特色的电商阶段正式到来。

第四阶段：直播电商

当以抖音为首的平台释放的短视频红利还未消退时，一种更新、更强悍的电商玩法——直播带货已然开始。

手机，一秒钟销售 1 万台；
洗发水，一分钟卖出 3 万单；
连衣裙，几分钟轻松卖出上万单；
欧莱雅口红，两小时卖了 1 万支；
……

如今，直播这种时下最火的带货方式，人们只需要一台电脑、一个摄像头、一支话筒……一套极为简单的装备，就可以完成一天几十万元、几千万元甚至几亿元的销售额。

这种略显疯狂的"直播＋电商"的营销模式，也宣告了直播电商 2.0 时代的正式到来。

1.1.2 直播带动了零售产业的变革

直播带货的爆火，固然离不开时代洪流的推动，但从本质上来说，还要归功于直播这种带货模式本身的两点内在逻辑：

一是直播从"商品与人的对话"，变成了"人与人的对话"；
二是直播带货让用户为"交流感"和"参与感"买单。

正是由于这种独具优势的内在逻辑，传统的零售产业进行了变革与转型，直播也受到了广大用户的喜爱与追捧。

据《中国互联网络发展状况统计报告》显示，"截至 2019 年 6 月，我国网民规模达 8.54 亿"，另外《2018 年中国网红经济发展洞察报告》中指出，"截至 2018 年 4 月，我国网红的用户数量已经有 5.88 亿之多"。由此可见，网红经济市场规模已相当可观。

另外，网红用户群体呈现出年轻化趋势，目前主要以"80 后""90 后"为主体，未来，伴随着"00 后"的崛起，这一趋势会更加鲜明。

现在，越来越多的传统零售商借助淘宝、拼多多、微盟等平台进行直播带货。比如上海的"林清轩"，因为疫情影响，157 家线下门店歇业，业绩大幅下滑，后来转战淘宝直播后，其业绩全面反弹，直播让"林清轩"在危机时刻找到了新的突破口。

再比如，女装品牌"拉夏贝尔"在微盟直播小程序进行内测，通过直播间线上介绍服装的价格、材质、搭配等多种信息，与客户进行线上互动，带动品牌整体业绩突破 1000 万元。

随着 5G 时代的到来，直播的清晰度、流畅度以及其他技术方面问题将被一一完善，未来的趋势很可能会演变成"万物皆可播，人人皆可做网红"。到那时，"直播+新零售"必将成为连接人、货、场的重要模式。

总之，无论是用户消费习惯的改变，还是各大零售商的转型举动，都是在引领直播往主流的方向发展，所以，我们更应该有理由相信，直播是电商和新零售的未来！

1.2 直播是商家"品宣+带货+吸粉"的最佳渠道

从 2016 年开始，直播与电商之间的一系列化学反应一直在持续，经过三年的发展，直播在 2019 年正式成为众多品牌商家新的营销增长点。以淘宝为代表的平台，成为商家主要的经营阵地，通过直播，许多商家也逐渐找到了自己的跃升方向。

如今，在李佳琦、薇娅等头部主播的强大影响下，直播正成为商家"品宣+带货+吸粉"的最佳渠道，它重新定义了电商与新零售的营销新玩法。那么，这个"最佳渠道"的优势到底体现在哪些方面呢？

1.2.1 直播的品宣优势：降低成本、增强信任

对于一个品牌而言，直播就是一个直接向用户宣传品牌的窗口，主播宣传效果的好坏会直接影响该品牌的销售量。与平时那些常规的品牌推广平台相比，直播的推广费用更低并且效果更好，商家只要和拥有一定用户基础的主播合作，不仅可以降低自身品牌的推广成本，还可以享受这些主播带来的巨大用户流量红利。

经常看直播的人应该都有体会，在直播的过程中，许多主播经常会无情地"吐槽"产品或者对某些产品说"不"，这对于拉近主播与用户之间的距离，建立主播与用户之间的信任都能够起到很好的作用。

从本质上来说，主播其实就是用户与产品之间的桥梁，当用户对主播产生了足够信任时，用户就会不自觉地把这种信任从主播的身上转移到产品的身上。在营销的过程中，用户购买的最佳动机就是需求和信任，当有了这种信任后，消费行为就会随即产生，这也是为什么许多头部主播一场直播便能够带货几百万元甚至上千万元的根本原因。

总之，直播即代言，它不仅能够给商家减少品牌宣传的成本，还能为商家带来一批忠实的用户。

1.2.2 直播的带货优势：产品的展现形式更加真实

在直播带货的过程中，主播一般都会对产品进行详细且有针对性的讲解，这种产品展现方式的最大特点就是客观、真实。

首先，相比于传统的采用图文模式进行商品介绍的方式，主播讲解的商品介绍方式显然更能够打动用户；其次，当面对成千上万的用户时，主播对用户说谎或欺骗用户的概率会变得极低，这是因为主播在直播的过程中，和用户是有互动的，主播在解说产品的时候，观看直播的用户可以在线发言，所有参与直播的人都能看见，因此，只要用户有疑问，就可以向主播提出，主播会予以解答，撒谎和欺骗的行为在这种面对面的模式下是很容易被发现的。

以服装类、美妆类的带货直播为例，主播的试穿、试用体验往往能够很好地将产品真实客观地呈现在用户的面前，比如相比于图片上的衣服，模特上身之后的效果会更好，从而促使用户更快地去接受这些被推荐的产品。

1.2.3 直播的吸粉优势：在娱乐轻松的氛围下，抓住用户的"软肋"

把直播间打造成天然的促销场景，开启"秒杀"模式，并带动弹幕节奏，营造热闹的抢购场景，不给用户任何犹豫的时间，这是如今许多主播在进行直播带货时的常用招数。这种招数的底层逻辑便是抓住了大多数用户，尤其是女性用户群体在购买商品时极易因优惠促销而产生冲动型消费的"软肋"。

如果你认真观察就会发现，不管是李佳琦，还是薇娅，或是其他的头部主播，在直播的过程中，他们都喜欢强调自己销售的商品是全网最低价。通过这种言语的刺激，再加上用户对主播本身的信任，就很容易让用户产生冲动付款行为。并且，当付款行为产生之后，用户往往还会因为"买到了物美价廉的商品"而产生极大的满足感。

这也是直播带货让许多用户，尤其是女性用户"欲罢不能"的关键因素。

现实生活中，许多人一开始选择进入直播间看直播，往往并不是为了"买买买"，而仅仅只是为了消磨时间，体验直播带货的新鲜感和刺激感。

而他们之所以选择通过看直播的方式打发时间，原因很简单，因为直播本身就有兼具娱乐性和互动性的功能。当然，这些因为直播内容的娱乐性和互动性而选择进入直播间的用户，最终会在主播的带动和所推荐商品的吸引下，在不知不觉中产生消费行为。这也正是直播带货的最大魅力所在。

以上介绍的直播的 3 大优势，也正是如今在屏幕上，多才多艺的主播正成为带货重要渠道和电商升级换代的重要原因。作为商家"品宣 + 带货 + 吸粉"的最佳渠道，直播带货掀起的不仅是一个行业的狂欢，更是整个电商和新零售领域的狂欢。

1.3 直播电商发展的 4 个阶段

在阿里的"红宝书"里,马云曾经说过这么一句话:"大部分人看商业机遇有四个特征——第 1 阶段:看不见;第 2 阶段:看不起;第 3 阶段:看不懂;第 4 阶段:来不及。"

这段金句用到直播电商中也特别适合,据此,也可以总结得出直播电商发展的 4 个阶段(见图 1-2)。

图 1-2 直播电商发展的 4 个阶段

1.3.1 看不见

2016 年,当直播这种形式刚刚在淘宝上线时,其实并不被人看好,甚至还一度被称为是社交媒体的边缘化产品。而当我在做淘宝直播第一档 PGC(专业生产内容)节目《8 号化妆间》时,我发现当时绝大多数人并不清楚它究竟是一个什么项目,他们对于直播的未来,更是深感担忧。

1.3.2 看不起

2018 年之前,尽管直播经过了一段时间的发展后,已经形成了一定的规模,但是,当时的直播大多是以秀场直播和娱乐直播为主,直播的形式主要是主播在镜头前表演才艺和与用户聊天。

那时候,许多商家还并没有接受直播这种营销形式,即便是已经入驻了天猫的电商商家,也并没有从内心接受淘宝直播,反而认为这种形式显得不高级、不洋气。相比之下,他们更愿意把时间、精力和金钱投入在抖音、快手等平台上。这一时期,也是以短视频为代表的内容电商的风靡期。

1.3.3 看不懂

2018年下半年,直播电商终于送走了寒冬,逐渐在春风的温暖抚慰下苏醒过来。愿意加入到直播电商阵营中的电商商家和带货直播主播也如雨后春笋般多了起来。

2018年的淘宝"双十一"购物节,"淘宝带货女王"薇娅创造了两小时成交2.67亿元的销售神话;两个多月后的2019年年初,横空出世的"口红一哥"李佳琦又屡创直播带货佳绩。而在以他们为主导力量的头部主播们的共同引导下,直播电商也被越来越多的媒体、投资人、用户看到。一时间,"千播大战"风起云涌,越来越多的电商商家也把直播纳入到自己的营销战略计划之中。

然而,此时的直播尽管已经逐渐风靡起来,但大多数人对它的了解和趋势判断,还停留在"看不懂"的阶段。

1.3.4 来不及

2019年下半年，直播电商彻底火爆起来。相关数据显示，2019年的淘宝直播平台主播人数规模已经从2018年的6000人增长到了20000人，签约的直播机构达到1000家。无数的电商商家，已经把直播列为最重要的营销战略之一。走入直播间的，不只有网红主播，还有影视明星、品牌方以及来自生产一线的普通人。然而，到了这时候，在看到直播的强大带货能力和明朗未来后，许多人想加入进来，却发现已经来不及了。

以淘宝直播为例，2016年，在淘宝刚刚开通直播功能的时候，几乎没有任何门槛。面对遍地的流量，只要你敢于做第一个吃螃蟹的人就可以轻易获得，而到了2019年下半年，淘宝直播已经设有了一定的门槛，这时候，如果你想加入进来，并且分得一杯流量，那么，你就必须从人、货、场三个要素入手，做精细化运营，否则，你就只能永远在流量门外徘徊。

如今，在营销界有这样一句话：如果你在2008年错过了淘宝红利，2013年错过了网红红利，2017年又错过了短视频红利，那么现在，你还想继续错过直播红利吗？

事实上，严格来说，如果你不想继续错过直播红利，最好的机会是在2016年，但假如你已经遗憾错过了，那么，另一个合适的时机，就是现在。在当下这个时间节点，集天时、地利、人和于一体的直播电商，已经蓄足势能，等待彻底爆发。

1.4 进军直播行业的最佳时机,就是现在

过去,一个传统企业,一年要成交 10 亿元销售额,至少需要 1000 名员工;一个电商企业,一年要成交 10 亿元销售额,至少需要 100 名员工。而现在,通过直播,一年要成交 10 亿元销售额,可能只需要一个由十多人组成的直播团队。

在看到直播的强大带货能力和背后强大的营销逻辑后,许多后加入者跃跃欲试,正摩拳擦掌地奔向直播带货或者准备奔向直播带货。

那么,直播带货的能量究竟有多大呢?要想入场直播带货,把自己打造成流量中心,什么时候才最适合呢?阅读本节,相信你会找到答案。

1.4.1 直播带货究竟有多大的魅力

直播带货究竟有多大的魅力?这一切,还得从直播本身说起。

2016 年被称为中国的直播元年,彼时,各大直播 App 风起云涌,网红主播被各方追捧,直播开始渗透人们生活的方方面面。据相关数据显示,2016 年,我国网络直播用户数量较 2015 年同比增长 72.1%,截至 2018 年 12 月,网络直播用户规模达到 4.56 亿人。

然而,在完成了最初的圈层渗透后,直播也面临着发展的瓶颈,那就是源于单一的内容传播,直播在精准解读了用户需求并推

送匹配的内容留住用户后，不得不直面变现的根本性难题。于是，在不断延伸直播平台边界的过程中，从2018年开始，一种以"直播+电商"的新型商业生态呼之欲出，成为快速实现电商流量变现的新趋势和新玩法。

如果说2018年的淘宝直播在"造风"，那么，在2019年下半年，风终于来了，并且这股风还相当强劲。以下这组数据，便是最好的解释：

2019年淘宝"双十一"购物节，淘宝直播成交额接近200亿元；

"口红一哥"李佳琦创下5小时销售353万元的奇迹；

薇娅一天的直播收入就可达到公司上市要求；

海南的主播"瘦哥"，一场直播销售贵妃芒30多万元；

"湘西九妹"通过淘宝直播，两天卖出40万元滞销猕猴桃；

柳岩在快手直播创造了3小时1500万元成交额的销售奇迹；

主持人李响直播首秀就完成了200万元的成交额；

王祖蓝通过淘宝直播卖出过10000件珠宝，成交额超过300万元；

欧莱雅在预售发布会上，直播17小时，吸引近百万人观看；

来伊份在短期内直播高达12场，且每场直播时间都高达3小时；

……

根据 2019 年 11 月公布的 Q3 财报显示，手机淘宝 App 中以淘宝直播为代表的互动性、社区性功能今年已带来超过 1000 亿的 GMV。

而据艾媒报告中心最新发布的数据显示，2019 年我国在线直播用户规模达 5.04 亿人，较 2018 年增长 10.6%，2020 年预计增至 5.26 亿人；2020 年我国直播电商销售规模将达 9160 亿元，约占我国网络零售规模 8.7%；2019 年明星、KOL（关键意见领袖）带货转化率达 84.3%；直播平台主播带货转化率达 83.1%；短视频网红带货转化率达 82.3%；UP 主（上传音视频文件的人）带货转化率达 78.3%；微博大 V 带货转化率达 75.3%（见表 1-1）。

表 1-1　2019 年中国各类 KOL 带货转化率调查（单位：%）

各类 KOL	微博大 V	UP 主	短视频网红	直播平台主播	明星代言 / 宣传
转化率	75.3%	78.3%	82.3%	83.1%	84.3%

（数据来源：艾媒报告中心）

这些数据明确地向人们传递了一个信息：直播带货已成为 2019 年最流行的消费模式之一。电商选择直播、"素人"加入直播、用户观看直播在如今已成为了一种趋势。

1.4.2　什么时候进军直播行业

看完上面的数据，也许会有许多人产生加入直播行业、分得流量红利的冲动和欲望。问题是，什么时候才是进军直播行业的最佳时机？

事实上，在现实生活中，在和许多人聊到直播时，我发现，他们对于直播带货都表现出了极大的兴趣，可是由于各种各样的原因，最终，他们都没有勇气迈出这一步。他们中的许多人，也曾不止一次地问过我同样的问题："如果我想做直播带货，什么时候最合适呢？"

对于这个问题，我的回答永远都是：就是现在！

不得不说，我们生活在一个充满机遇的时代，只要你找到了风口，并敢于站上风口，那么，你就有可能成为在时代中抓住机遇的人。正如马云说过的那样，"任何一次财富的缔造必将经历一个过程——先知先觉经营者；后知后觉跟随者；不知不觉消费者！"

第 2 章

平台选择：4 大直播平台的优势及用户画像分析

说起直播带货，大多数人可能只听说过淘宝主播——薇娅和李佳琦。但是，直播带货平台不仅仅只有淘宝平台，快手、抖音、微信都可以做直播带货，这 4 大平台都实现了直播和商品之间的无缝连接，成为直播界的"四大天王"。

2.1 淘宝直播：流量大，品类多，以女性为主

在 2016 年直播元年，大部分人只知道花椒、映客平台，很少有人知道淘宝也上线了直播板块，那时，淘宝直播板块的位置还在手机淘宝 App 的第四屏，即打开手机淘宝后，要用手往下划 4 下，才能看到入口。那时的淘宝直播机构也很少，第一批仅有 30 家，我们是其中之一，到 2017 年年底，机构数量被严格控制，基本上维持在 170 家左右。

2018 年 3 月 30 日之后，淘宝直播板块的位置移到了淘宝 App 第一屏的位置，流量一下子从百万级上升到了千万级，较早入驻的机构纷纷获益。同时，机构和商家直播都被放开了限制，只要商家有 MCN 模式运营经验，都可以申请开通淘宝直播。据统计，2018 年，淘宝直播在淘宝站内引导成交量达到 1000 亿元。

2020 年 2 月 17 日，淘宝发布了两份《淘宝经济暖报》，这两份暖报的上线预示着：疫情期间，企业复工不是梦！根据相关数据统计，2 月以来，大约有 3 万人首次在淘宝开店，新开店数量的前三名省份为广东、浙江和江苏。

"街上没人，不代表没人逛街"，数据显示，淘宝直播"云卖方"已吸引 200 万人观看；明星开淘宝"云演唱会"，接近 400 万人一起"嗨"；各类汽车品牌开启淘宝"云试驾"，引发众多"汽车发烧友"的追捧。

自 2020 年 2 月以来，新增的淘宝直播间数量已翻了一番，开播场次也上涨了 110%，由此可见，对于电商而言，淘宝可以算是直播平台里流量最大、品类最多的带货渠道，是众多商家促进销售、发展品牌的首选。

2.1.1 淘宝直播的用户画像分析

在 2019 年淘宝"618"大促活动结束后，淘榜单联合淘宝直播发布了一篇名为《天猫 618 淘宝直播消费者画像》的文章，这篇文章中显示，直播间的消费主力是"90 后"，同时"00 后"的消费实力也不可小觑。

据统计，"90 后""00 后"用户在直播间里购买的主要商品类型的前三名是美容护肤、女装和彩妆香水，而"60 后""70 后"的用户则更喜爱购买珠宝翡翠等。从购买区域来看，直播消费人数最多的是江苏、广东、浙江等沿海省份，虽然地域不同，但用户们喜爱购买的商品大致相同，大多是女士护肤、彩妆与女装用品。

除了一二线城市的用户，三线及以下城市的小镇青年在直播间的购买力也很强，其中，三线以下城市的直播成交量与一线城市几乎持平。

通过数据，我们可以总结出淘宝直播用户有以下特点：

第一，以 25 岁至 35 岁的青年女性为主；

第二,这部分用户群体有"三高"——高停留时长、高复购率、高客单价;

第三,淘宝直播的用户群体主要消费的商品为服饰、美妆、食品生鲜、家居百货等。

总之,如今观看淘宝直播并下单的用户呈年轻化趋势,主要是以女性用户为主。

2.1.2 淘宝直播平台的优势

各路达人和商家纷纷入驻淘宝直播平台,使得该平台的竞争非常激烈,那么,淘宝直播平台到底具有怎样的优势与魅力,才能受到这么多人的青睐呢?

首先,淘宝直播是商家售卖产品的辅助工具,它的目的是为平台带来额外流量,从而提升商家的产品销量。

根据我多年运营淘宝直播的经验,我认为淘宝直播具有以下优势:

1. 即时性

淘宝直播的信息传达是面对面的,因此,只要主播引导得当,那么对直播期间获得的流量转化的效果是相对不错的。

2. 超强互动性

淘宝里的主播相当于线下导购的角色,主播可以通过淘宝直播平台解答用户的各类疑问,从而提升线下门店的转化率。

3. 获取渠道多

只要有无线网,智能手机、平板电脑、台式电脑都能在线收看淘宝直播的内容。

4. 直播品类多,受众广泛

在淘宝直播里,商品种类很多,既有服装饰品,又有家用百货,可谓是"应有尽有",因此,淘宝直播的受众是很广泛的。

2.1.3 淘宝直播平台的发展方向

目前来看,如果是个人,要想在淘宝进行直播带货,最好选择去找机构"挂靠",这是因为机构有完善的商家、商品和主播运营经验。如果是商家店铺的话,可以开店铺直播,并且在店铺首页放图片入口,引导用户看直播。

淘宝上的直播带货分类,服装、美妆是大类目,但服装类的直播带货目前在杭州、广州地区效果较好,其他地区有待观察,同时,服装类直播带货节目观看量很高,但用户购买服装后的退货率也很高;而美妆类直播不限场地,但前提是主播要具备专业的美妆知识,尽管有时候美妆类直播的观看量并不高，但是其利润率很高，退货率一般较低；珠宝是 2018 年刚兴起的一个直播类目，其发展与珠宝原产地有关，如果原产地不产这些东西，商家就没有货源。

美食类直播也是一个观看量较高的类目，但是利润率不高，比如"村播"——这是由淘宝官方扶持，以公益扶贫为主的直播项目；此外，母婴类目看上去市场很大，但是市场空间不大，主播直播带货的动力不足；再者就是医美、家居生活和花鸟鱼虫的小品类直播带货，目前这些小品类市场中还没有出现成功的直播案例，有一定的发展空间。

2020 年 1 月 13 日，淘宝直播机构大会在杭州的阿里巴巴西溪园区如期举行，大会上，淘宝内容电商事业部总经理玄德说了这样一句话："淘宝直播将成为平台重要战略之一。"这将意味着，2020 年，淘宝直播这辆高速行驶的列车将会有更好的未来！

2.2 快手直播：简单粗暴，乡镇为主

依靠短视频发展起来的快手，在拥有了大量的用户群体后，又找到了新的发展方向：将互联网电商和互联网直播两个行业聚合到一起，通过不断优化，慢慢走上了直播电商的路。

与淘宝、京东合作后，在过去的一年里，快手直播平台有接近 1600 万个主播直播带货并从中获利，比如快手达人"散打哥"，在

快手直播时，同时在线人数突破 100 万，3 个小时成交 5000 万元的销售额，一天带货 1.6 亿元。

与其他直播平台相比，快手直播又有哪些优势呢？

2.2.1 快手直播的用户画像分析

快手直播"出世"的时间比淘宝直播要早一些，大概是在 2017 年年初，这背后的主要原因是快手对直播板块没有进行过多的上线测试，直接推出并帮助达人变现。

所以，大家会发现，在快手做直播带货的达人，货卖得好的就那么几个，且大部分是在平台的扶持下火起来的，即靠的是平台提供的流量。

在快手做直播，流程较为简单，比如我想做垂直内容的直播，那么就先养号，等用户到了 5000 人，接着开直播，开通"快手小店"，开始销售低客单价的产品（价格在几十元左右的产品），然后再通过一些引流手段引导用户关注微信个人号，再进一步转化。

快手大数据研究院在 2019 年发布了《2019 快手内容生态报告》，该报告中显示：截至 2019 年 6 月，快手的日活跃人数达到 2 亿，月活跃人数达到 4 亿。在这些活跃群体中，80% 的用户是来自于三四线以下城市、高中学历以下的用户。

快手的用户所在地更加下沉——以乡镇为主。观看快手直播内容，我们会发现以农村题材、乡镇生活题材等反映社会真实生活的内容居多。

2.2.2 快手直播平台的优势

尽管快手直播的内容品质较低，但是对于相应的用户群体来说，其平台还是具有一定优势，具体有以下几点。

1. "普惠式"算法

快手创建之初，其团队就一直秉承着"内容公平分发以及让每一个普通人都能被看见"这样的初衷，有很多快手达人反映，在其他平台上建立自己的用户流量池时，都没有快手上那种"用户是自己的"体验，获得有效沉淀和数据提升的机会较少。

这种现象的产生其实与快手的"普惠式"算法有关，这种算法给很多做电商的商家或个人提供了更大的流量与算法支持，不会让任何一个直播石沉大海。

正是因为快手内容分发的算法逻辑和整体运营的思路，达人在快手直播平台上直播时才拥有了超强的带货能力。

2. 巨大的日活用户数量

据《2019快手内容生态报告》中显示，截至2019年6月，快手的日活跃人数达到2亿，DAU（日活跃用户数量）较2017

年相比，上涨了1亿。

在快手上，用户最爱购买的产品类目为美妆、农副产品、男女服饰、健身用品等。在快手上做电商的收益颇多，比如2018年丑苹果在快手上的销售额为3亿元，柿饼的销售额为2.7亿元，软籽石榴的销售额为3.3亿元。

由此可见，快手直播平台上巨大的日活用户数量，可以为商家或个人提供流量支持，帮助这些商家或个人有效触达自己的目标用户。

3. "老铁经济"的内容信任

很多人将快手火爆的原因归结于"老铁经济"，之所以这样取名，是因为很多人都觉得快手上的主播像一位"老朋友"，虽然以前彼此不认识，但听其聊了几句后，就会觉得很亲切，如果对有些内容感到喜欢与好奇，用户就会愿意继续听下去。

比如快手达人"胡颜雪学姐优选"，她做快手内容的主要方法就是"用真心换真心"，为了卖自己公司的美妆产品，她采取"日更+直播"的方式，每天与自己的用户互动聊天，如果要去外地出差，她也会采购一些纪念品回馈给用户。

再比如另一个快手达人"保定府磊哥"，为了在快手上卖出自家产的瓜子和零食，他通过在快手上直播向用户讲述自己创业的艰辛历程,引发用户的同理心,搭建了品牌与用户之间的信任桥梁。

快手是一个能将陌生人转变为老朋友的直播平台,主播们基于这种"老铁经济"建立与用户之间的信任关系,其带货的转化率自然会提升。

4. 快手电商的平台配置

2018年6月,快手联合淘宝和有赞,推出"快手小店"和"电商服务市场",这意味着快手上的每个主播都可以凭借身份证明,来申请"快手小店"的开通资格,店铺开通后商家可以直接将淘宝或有赞店铺中的产品放到"快手小店"里,然后通过发布视频或做直播,引导用户购买。

2019年3月,快手电商发布了《快手小店经营违规管理规则》《快手小店商品推广管理规则》《快手小店售后服务管理规则》《快手小店发货管理规则》等四项店铺运营规则,使快手电商市场秩序得到规范。

在用户打开快手后,首先看到的就是快手的直播界面,由此可见,快手对于直播平台的配置与打造十分重视(见图2-1)。

图 2-1 快手界面

总之,快手也是目前带货转化率较高的平台,相信拥有相同价值观与需求的商家或个人,通过快手,都能实现自身价值并获得的相应的回报。

2.3 抖音直播:流量大,长尾效应大

抖音的带货能力是大家有目共睹的,薄饼锅、妖娆花音箱、手表遥控、奶油拍脸机、小猪佩奇三件套等一大批"网红"商品在抖音的带动下,掀起了用户的购买热潮。而伴随着 2018 年抖音购物车功能的正式开通和抖音购物联盟的强势推出,用户在抖音平台购物也变得更为简单、便捷。

或许正是瞅准了抖音强大的变现能力，如今，无数的品牌商家纷纷在抖音这个巨大的流量池中开通了"电商"功能。这也预示着，抖音直播电商时代已经到来，通过电商变现正成为抖音流量变现的最好方式之一。

2.3.1 抖音直播的用户画像分析

2020年2月11日，抖音发起了"线上不打烊"的活动，在抖音3亿流量的扶持下，不少线下商城、普通门店、销售人员纷纷加入抖音直播平台。

比如南京弘阳商业广场与株洲王府井百货先后在抖音上进行直播带货，通过抖音平台，南京弘阳商业广场的两场直播的销售额分别为8万元和75万元，而株洲王府井百货更是在抖音直播取得了240万元的销售成绩。

除了商家，个人主播的带货数据表现也很亮眼，比如抖音主播"韩饭饭"在直播间带货美妆产品，7天的总销售额达到622.1万元。

事实上，同为短视频平台，抖音的用户群体和快手的用户群体不同，抖音的用户群体主要集中在一二线城市，用户文化程度在大专学历以上，以女性偏多。并且，抖音的内容设计及呈现方式更高端，专注城市品质生活。

2.3.2 抖音直播平台的优势

自从 2017 年抖音开通直播功能后,抖音上就出现了很多"抖商"(即依靠抖音赚钱的人),很多"抖商"通过自己的精心运营,也获得了巨大的收益。在众多直播平台的竞争下,抖音直播也并没有丧失其流量地位,这是因为对于很多商家或个人而言,抖音直播平台具有很大的带货优势(见图 2-2)。

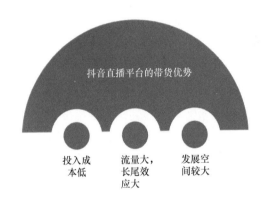

图 2-2 抖音直播平台的带货优势

1. 投入成本低

商家或个人在抖音平台上直播带货的门槛较低,无须投入大量资金。只要其开通带货权限后,就可以在直播间里添加商品,这个功能和淘宝直播相同,用户只需要点击直播间里的购物袋,就可以查看抖音主播带货的商品。

2. 流量大，长尾效应大

虽然淘宝和快手平台的用户流量也很大，但就目前来看，和抖音相比还是稍逊一筹。

与传统的直播相比，抖音直播并没有采取某些运作"套路"，如支持主播依靠用户刷礼物来上榜的模式，抖音认为：这会使得达人和用户都很疲惫，失去直播互动原本的意义。在这个模式下，主播只会和付费观众互动，其他用户会失去存在感。

抖音直播带货的模式是通过建立起用户对达人魅力的认可，来进行带货，因此，抖音直播带货是在内容之上衍生出来的购物需求，既有商业化性质也有社交化性质，这种模式对于用户而言，是一种相对对等的沟通方式，对于利用抖音直播带货的商家而言，直播的长尾效应也会更大。

3. 发展空间较大

当下，发展抖音直播带货的时机非常好，但是目前只有美妆这一个类别的商品吸引的用户比较多，其他类别的商品对用户的吸引能力正逐步提升，所以在抖音平台不管是运营账号还是带货，机会都非常大。

目前，抖音直播平台刚搭建不久，平台还需要一段时间优化整个产品和运营体系，它不具备如阿里巴巴一样深厚的电商运营经验，所以优化的速度会慢一些，但现在的时间就是窗口期，看各位能不能把握得住。比如，知名自媒体"老爸评测"就已经开始在抖音上做直播电商，每期直播的互动率很高，结合短视频整合运营，后续将形成长尾效应。

2020年3月，抖音的语音直播功能也已经上线，这意味着主播可自行选择语音直播，无须另外申请直播权限。

抖音作为一个原生流量平台，不管是产品量级还是平台调性都非常不错，"抖音直播+电商"的营销模式不仅给抖音达人们提供了一种全新的变现渠道，同时也给广大的抖音用户提供了一种全新的购物体验。

2.4 微信直播：去中心化，流量大

2019年4月，腾讯直播开始进行小范围公测，微信公众号"女神进化论"和"Alex大叔"就在4月21日首次进行了电商直播，用户可以通过微信小程序观看直播，并进入小程序商城点击链接购买商品。2019年5月29日，腾讯直播公告开通电商功能，这一举动说明，所有的微信公众号都可以进行直播带货了。

那么，在微信上直播究竟应该如何操作呢？

2.4.1 微信直播的用户画像分析

微信的直播功能开通不久，其用户画像还不清晰，但微信的用

户群体非常广泛,任何使用微信的人都有可能成为微信上直播的观看用户,比如关注微信公众号的用户、浏览微信小程序的用户、微信朋友圈"发烧友"等。但由于每个直播间的内容与定位都趋向垂直化,因此,在微信上观看直播的用户群体也是垂直化的。

比如,以前关注某服装小程序的用户,看到小程序开通直播后,会直接点进去观看直播,如果觉得直播内容值得分享,那么就会转发到自己的微信朋友圈,那么更多拥有同样兴趣的人就会加入到直播间里来。

2.4.2 微信直播平台的优势

总体来说,微信直播平台主要具有以下优势:

1. 覆盖面广

在国内,只要是智能手机,微信的安装率几乎是100%,根据《2018微信年度数据报告》显示,每天大约有10.1亿的用户使用微信,日发送微信消息为450亿条,微信每天的音视频通话次数为4.1亿次。

今年4月,微信公众号"女神进化论"在腾讯直播发起内测直播,在1小时的直播中被4212人订阅,同时观看人数有1363人,完整观看人数占总人数的28%,小程序店铺的下单转化率则达到了48.5%。

由此可见，微信 App 的用户覆盖率非常高，微信的直播功能开通后，对于众多商家而言，是一个很好的机会。

2. 用户体验感较好

首先，用户在微信上观看直播时，只需要用微信扫描一下二维码，或者直接点击直播链接，就能即时收看直播，不需要下载任何App。其次，微信的直播功能能提升用户的参与感，主播可以全方位向用户展示和讲解产品。用户还可以通过一键式分享给直播间带来更多的流量。

3. 微信直播包罗万象

伴随着科学技术的不断发展、移动终端的不断普及、直播平台的层出不穷，很多商业人群也想通过直播技术来对其产品和业务进行推广。但目前市场上的主流直播内容偏向娱乐化，很容易让客户感到眼花缭乱，难以对其企业品牌产生信任，因此，还有许多人对于直播持观望态度。

但自从微信开通直播功能之后，这种状态被彻底改变，企业会议、赛事、教育培训、运动、美妆带货等事项，都可以通过微信进行直播，从而帮助企业更好地拉近与用户之间的距离。

2.4.3 微信直播带货的两种方式

目前,微信直播带货主要有两种方式:腾讯看点直播和微信小程序直播。

1. 腾讯看点直播

2019年12月16日,腾讯"聚势,大有可为"看点直播合作者大会在深圳召开,这也标志着微信正式进入了直播领域。在这次大会上,腾讯看点直播推出了颇具野心的"引力播"计划:希望在2020年内助力微信平台上的10万商家更好地获取用户、完成商业变现,并扶持"1000+"商家通过直播电商模式突破1000万元的年成交额。

那么,"野心勃勃"的腾讯看点直播究竟是"何方神圣",它又是如何助力微信的商家实现直播带货功能的呢?

简单来说,腾讯看点直播就是由"腾讯直播App+看点直播小程序"组成的直播平台,其中,腾讯直播App是开播端,看点直播小程序则是微信内部的观看端。当需要直播的主播点开了腾讯直播App后,腾讯直播App中就会生成一个小程序码,主播将这个小程序码推送给相关的微信用户后,用户通过该小程序码就可以直接进入直播间观看直播、与主播进行互动。

归纳起来,腾讯看点直播权限的开通只需要通过简单的三个步骤即可，如图 2-3 所示。

图 2-3　腾讯看点直播权限开通的步骤

在图 2-3 所示的步骤二中，我提到了"商家开通直播"和"大客户开通直播"两个选项，这两个选项分别针对不同的直播群体。

商家开通直播：单个商家，最多能申请三个直播账号，申请时需要提交营业执照、法人身份证、大于等于 500 人的公众号或微信群用户截图。

大客户开通直播：必须满足拥有线下实体门店集群或连锁商铺大于 50 个的条件，且拥有齐全的企业资质和法人身份、线下实体门店店铺等相关资料。

需要注意的是，对于腾讯看点直播而言，一个身份证最多只可绑定两个直播账号，此外，在申请腾讯看点直播权限时，还需要支付 599 元 / 半年的技术费用。

2. 微信小程序直播

微信小程序直播是微信在 2020 年 2 月 28 日"新鲜出炉"的直播方式，它也是微信官方提供的商家经营工具和原生直播平台。商家通过直播组件，便可以在微信小程序中实现直播带货，微信用户则可以在小程序内观看直播。

目前，微信小程序直播支持多种接入模式，如图 2-4 所示。

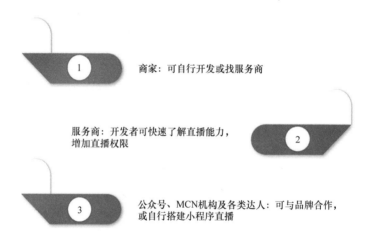

图 2-4 微信小程序直播的多种接入模式

目前，微信小程序直播只接受系统邀请，根据要求，商家只要同时满足了以下列出的条件一、条件二、条件三，并任意满足条件四、条件五、条件六中的一条，就有机会被邀请到微信小程序直播公测中来。

条件一：属于微信小程序 18 个开放类目[一]。

条件二：主体下的微信小程序近半年没有出现严重违规情况。

条件三：小程序在近 90 天内存在支付行为。

条件四：主体下的公众号累计用户数 ≥ 100。

条件五：主体下的微信小程序连续 7 日日活跃用户数 ≥ 100。

条件六：主体在微信生态内近一年广告投放实际消耗金额 ≥ 1 万元。

2.4.4 腾讯看点直播和微信小程序直播的优势与不足

作为微信直播两种主要的直播方式——腾讯看点直播和微信小程序直播又有哪些优势与不足呢？

1. 腾讯看点直播的优缺点

腾讯看点直播的优点主要体现在以下 4 个方面。

（1）支持从直播间直接跳转到商家自己的微信小程序、微店和京东店铺三种方式；

[一] 18 个开放类目：电商平台、商家自营百货、食品、初级食用农产品、酒 / 盐、图书报刊 / 音像 / 影视 / 游戏 / 动漫、汽车 / 其他交通工具的配件、服装 / 鞋 / 箱包、玩具 / 母婴用品(不含食品)、家电 / 数码 / 手机、美妆 / 洗护、珠宝 / 饰品 / 眼镜 / 钟表、运动 / 户外、乐器、鲜花 / 园艺 / 工艺品、家居 / 家饰 / 家纺、汽车内饰 / 外饰、办公 / 文具、机械 / 电子器件

（2）开播前，可创建附带微信小程序二维码的直播预告海报，发送到微信群、微信朋友圈等渠道进行预热和宣传，用户扫码即可订阅该直播活动；

（3）可以为用户推送开播提醒，通过点击提醒消息，用户可直接进入主播的直播间观看。

（4）直播过程中，用户可转发直播链接或海报进行二次传播。

总之，腾讯看点直播能够在腾讯系旗下的平台进行推广，在帮助主播获得自己私域外的流量方面具有积极意义，但它并不是十全十美的，其最大的缺点便在于用户在腾讯看点直播购物时需要跳转到商城。用更通俗的话解释就是需要从一个微信小程序，跳转到另一个微信小程序，这样的操作对于用户来说不太方便。

此外，在前文我已经提到过，开通腾讯看点直播还需要支付一定的费用。

2. 微信小程序直播的优缺点

作为微信团队在 2020 年 2 月刚刚上线的新平台，微信小程序直播对于大多数主播而言依然保持着一丝神秘感，但是其带来的增长以及背后的发展趋势却是不容忽视的。

归纳起来，微信小程序直播的优势主要体现在以下几点：

（1）玩法多变

在正式上线后，随着各大品牌的迅速入局，微信直播小程序也呈现出了多种直播模式和不同玩法。比如："网红+品牌+微信小程序直播""明星+品牌+微信小程序直播""导购员+品牌+微信小程序直播""商业综合百货+品牌+微信小程序直播""线下商超+售货员+微信小程序直播"等。

（2）实现了营销闭环，流量属于商家

用户在微信小程序直播中的所有访问、互动及交易行为均在商家自有的微信小程序内完成，而无须跳转到其他App以及微信小程序，完美实现了营销闭环。

相应地，由直播所带来的所有流量，也都会沉淀在商家自有的微信小程序中，这对于品牌和商家的长期运营具有积极的促进作用。

（3）低门槛、快运营

微信小程序直播的门槛并不高，根据目前掌握的信息可知，只要品牌或商家满足了前文中提到的申请条件，均有机会获得直播邀请。未来，随着微信小程序直播的进一步发展和普及，相信其接入方式还会变得更简单、更方便。

而在获得直播"许可证"后，微信小程序直播的运营也很容易上手。通常在接到直播邀请后，品牌或商家便可以在自有微信小程序上进行直播，并可使用小程序直播组件自带的一系列功能，自有微信小程序以及小程序直播组件自带功能目前最快一天即可开发完成。

（4）互动性强，转化率高

微信小程序直播支持展示商品、点赞、评论、抽奖、发送优惠券、购买、数据展示、分享好友等多项功能，并最大化地融入了微信本身的社交和内容特性。

比如，微信小程序直播支持用户对直播间的订阅、可一键分享到微信聊天中，方便朋友及社群用户访问，还可以通过公众号为直播间引流，这些互动方式都可以有效提高直播的转化率。

此外，根据微信官方预告，微信小程序直播未来还将继续进行功能升级，进一步提高直播本身的互动能力和带货能力。

根据目前已知的信息，我们可以预测未来微信小程序直播的"能力加码"主要体现在以下4个方面，如图2-5所示。

当然，和腾讯看点直播一样，微信小程序直播也有不足之处：腾讯直播工具与插件的定位以及微信生态的去中心化特性，决定了商家更多地需要依靠自身的流量。

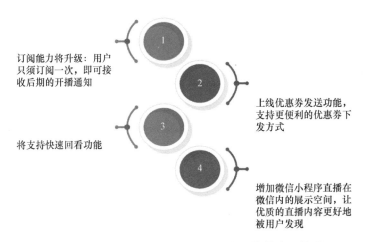

图 2-5　微信小程序直播"能力加码"的主要体现

总而言之,微信小程序直播带货有着天然的去中心化[⊖]优势,既可以激活公众号的关注用户,又可以通过朋友圈和微信群,拉新用户进来,提高互动率。目前,除了蘑菇街在微信生态直播外,微信小程序直播电商承接货架是放在一个叫作小电铺的创业公司那里,由腾讯投资扶持,据说未来还会邀请菠萝蜜、有赞等其他平台入驻。

有人曾预言:"未来的一切生意都将由社交来链接,人在哪里,财富就在哪里,人在哪里,生意就在哪里。"而凭借着优质流量池和天然社交屏障,未来,微信直播也必将成为重要的生意场和财富聚集地。

⊖　去中心化是一种现象或结构,其只能出现在拥有众多用户或众多节点的系统中,每个用户都可连接并影响其他节点。这是一种扁平化、开源化、平等化的现象或结构。

以上介绍的四个平台，虽然用户画像不一样，流量来源和流量运营方式稍有不同，但是整体的直播电商运营方法是一样的，从策划、运营到数据分析，再到产品选择和优化，均适用于四个平台。在后面的章节中，我将从零开始，手把手教大家如何通过直播带货。

第 3 章

开播筹备：第一次直播带货需要准备的 4 样东西

很多人投身于直播带货之中，想从中获益。但直播带货说起来简单做起来难，尤其是对于零基础的人来说，贸然进军直播行业，很可能被淹没在直播大潮中。而要想真正做好直播带货，那么，首先你必须找准自己的定位，确定合适的运营模式，做好充足的开播准备。

3.1 准备1：直播带货必备心态

作为一个还没有任何直播带货实战经验的人，第一次做直播，相信多少都会感觉有些手足无措。对于直播带货，许多人的看法或许很简单，认为只要有网、有手机就行。事实上，直播带货操作起来并不容易，里面的门道非常多。在正式踏上直播之路之前，你需要做好充足准备。

其中，第一项准备就是心态上的准备。

3.1.1 心态是衡量直播成功的标准之一

良好的心态对于直播带货究竟有多重要呢？或许，我们可以从下面这段话中找到答案："人与人之间只有很小的差异，但是这种很小的差异却造成了巨大的差异！很小的差异体现在一个人所具备的心态是积极的还是消极的，巨大的差异体现在结果是成功的还是失败的。"

作为一个充满挑战也充满无限可能的行业，进入直播行业的门槛其实并不高，但若想在这个行业里做出成绩，成为头部主播，除了要做到"努力到无能为力，拼搏到感动自己"的程度外，还需要拥有良好的心态，不惧失败、敢于奋斗、行动果决。当然，这并不是说拥有了良好心态的主播就一定能成为头部主播，但可以说心态不好的主播必定无法成为头部主播。

在现实生活中，因为工作的关系，我曾和许多带货主播有过密切的接触。而根据我的观察，凡是那些最终能在直播带货的道路上走得长远的主播，往往都具有非常好的心态。

据此，我也总结出一个重要结论：在加入直播带货队伍之前，主播一定要调整好自己的心态，因为心态的好坏，往往决定了直播效果的好坏。我们在招募新主播时，也把心态的好坏作为重要的衡量标准之一。

总之，良好的心态是直播成功的基石，不同的心态，决定了不同的直播结果。如果你想在直播的世界里纵横驰骋，成为像李佳琦、薇娅一样令人艳羡的头部主播，那么从现在开始，你就应该尽力消除和摆脱消极情绪，摆正心态。

3.2.2 拥有两种必备心态，直播才可以更精彩

具体来说，在开始直播前，带货主播应该具备以下两种心态。

1. 勤奋肯吃苦

如今，我们只羡慕那些带货能力强、在镜头前光鲜亮丽的头部主播，却并没有看到他们为了准备一场直播所付出的汗水与努力。应该说，所有的头部主播，其实都是一步步苦过来的。如今，我们再去回看那些带货能力超强的头部主播们最早期的直播视频，便会发现，他们中的许多人在最初的时候，可能连续直播十个小时，也

只有两三百人观看,这种辛酸只有经历过的人才能了解,如果主播不能吃苦,是根本坚持不下来的。

在竞争异常激烈的今天,即便是他们已经取得了一些成绩,往往也不敢松懈下来,而是选择一如既往地勤奋努力。

所以,如果你打算进军直播行业,并且准备借直播带货大干一场,那么,你要做的第一个心态准备,就是勤奋肯吃苦。

2. 自信

在销售界有这样一句名言:"世界上没有卖不出去的产品,只有卖不出去产品的人。"从本质上来说,直播带货也是销售的一种,而要想通过直播成功把产品卖出去,自信是主播必不可少的一个心态。

人们常说:"一流的销售卖自己,二流的销售卖服务,三流的销售卖产品,四流的销售卖价格。"虽然直播带货能够取得成功的一个重要因素便是它能够提供物美价廉的商品,但一个能带货的头部主播,凭借的绝不仅仅是实惠的价格、优质的产品,还有自信的心态。

一个自信的带货主播,在直播的过程中,往往能够更好地把握直播的进程和节奏,并通过自身散发出来的魅力来打动用户,让用户对价格、产品和品牌产生信赖,引导用户下单。而一个缺乏自信的主播，则会把这种不自信间接地传染给用户，让用户对产品、对价格甚至是对主播本身产生怀疑，这样的主播，带货能力又从何而来呢？

稻盛和夫曾经说过："改变你的心态，你人生的色彩才可以绚烂夺目。"把这句话运用到直播行业中，则应该变为："调整你的心态，你的直播才可以更精彩。"都说"相由心生、境随心转"，一个人的行动和心态，决定了他的精神面貌，而一个人的精神面貌又决定了他的工作状态。对于直播带货而言，这一点尤为重要。

所以，在正式踏进直播间之前，作为直播新人的你，不妨认真问一下自己：我足够勤奋吗？我愿意吃苦吗？我充满自信吗？

3.2 准备2：找对标竞品，调研同类型账号

经过这些年的直播，我得出了一个经验，那就是不管是卖服装，还是卖面膜、水果、奶粉等其他产品，在直播带货之前，主播应该去各大平台翻一翻同类型的内容和账号，找出3个做得很好的，再找出3个做得不好的，最好能找到对标的对象和内容，在他人的基础上做优化和创新。比如我要销售健身类产品，那么我会去淘宝上找健身主播，学他们的带货方式，去抖音上找健身达人，学习他们的内容呈现形式。

事实上，这种方法就是我们常说的"竞品分析"，即要在正式

开播之前，找对标竞品，调研同类账号。

3.2.1 什么是对标竞品，为什么要对其进行分析

在做对标竞品分析之前，我们需要先了解它的含义，对标竞品是指对标竞争产品，也指对标竞争对手的产品。在直播平台上，凡是同类型的直播都是我们的对标竞品。

一般来说，对标竞品分为核心竞品、重要竞品和一般竞品三个级别。

以我们自己的直播账号为基准，那些优于我们且非常有竞争力的竞品为核心竞品；优于我们但是竞争力一般的竞品为重要竞品；低于我们或者竞争力不如我们的竞品为一般竞品。

对于核心竞品，如果我们的确难以与之竞争，那么就可以学习他们的长处来优化自己，实施避强定位；对于重要竞品，我们需要分析他们的优势，继续优化自己；对于一般竞品，我们则不需要花太多时间，只需研究一下他们的劣势，避免自己出现同样的问题即可。

知己知彼，百战不殆，这就是我们做竞品分析的主要原因。大到上市企业，小到街边小店，想要在直播带货中获得成功，持续地做竞品分析的工作必不可少，那么把直播当作事业的我们，当然也要做好竞品分析。

具体来说，做对标竞品分析主要有以下 5 大原因，如图 3-1 所示。

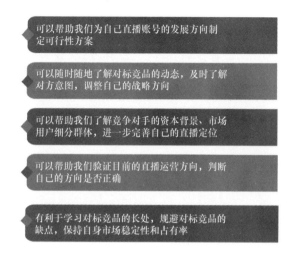

图 3-1　做对标竞品分析的 5 大原因

以上所展现的之所以需要做对标竞品分析的原因，也是让我们在直播运营中立于不败之地的诀窍。

3.2.2　对标竞品的调研与分析

关于调研，大家在找到自己的同类型直播账号后，可以先统计一下该账号的相关数据，比如该直播账号的用户流量、营收情况等。调研的方法可以通过网上搜索数据、联系相关直播账号等方式来实现调查的目的。

虽然在直播平台上注册账号的人越来越多，但直播的类型大多以幽默搞笑、平易亲和、专业时尚等风格为主，所以出现对标竞品在所难免。在这个过程中，很多直播运营人员会产生疑问：我想做的直播电商产品已经有人做得非常成功了，我还有做的必要吗？答案是：如果真是好产品，当然有做的必要。只要我们通过科学、专业的对标竞品分析，找到准确和更加细分的差异化定位，就不用心存疑虑。

那么，什么样的对标竞品分析才是科学、专业的呢？以下我将介绍对标竞品分析的3大核心内容，可以帮助你判断自己的直播属性，找到准确的定位。

1. 用户习惯

用户习惯和消费体验决定直播账号所能达到的高度。我们要对竞品的用户行为、消费体验、情感等进行分析，即进入其直播间来观察主播的营销方式，研究其定位、用户人群，还需要对购买该直播间产品的用户进行口碑调查，从而揣摩直播平台的用户习惯，找到用户痛点，并运用在自己的直播中，培养用户习惯。

2. 核心价值

核心价值是指直播账号的核心竞争力，主播要为直播的设计、细节、定位等赋予价值，这个价值可以延长用户观看直播的时间，并使用户产生愿意购买产品的心理。

3. 延伸服务

延伸服务做得好可以帮主播获取更多的益处，有很多竞品之所以做得好，是由于直播间的互动、售后服务等方面做得好，更好地满足了用户的需求。

做好以上 3 大核心内容的对标竞品分析，可以帮助主播了解直播账号是否能吸引用户，满足用户需求，并提升自己直播间产品的竞争力。总而言之，在直播内容生产日益同质化的情况下，更要注重细节，在用户体验上下功夫，以便能让更多的用户关注主播，从而提升带货的效率。

3.3 准备 3：熟悉各大直播平台规则

不管你选择在哪个平台进行直播带货，第一步肯定是熟悉了解各个平台的规则，比如在淘宝平台直播，主播可以去淘宝论坛上浏览官方发布的帖子内容；在抖音或快手平台上直播，可以关注他们的公众号，有详细的文章介绍。在了解完平台规则之后，主播接着就要了解开通直播的权限。

每个平台对于开通直播权限的要求都不一样，一般而言，平台对于想要做直播的个人用户，都会设有一些门槛。大部分平台都会选择招募 MCN 机构合作，这样一来，其人事流、资金流、业务流都可以被统一管理。所以，如果你是个人用户，为避免开通直播权限受限，最简单的办法就是与一家MCN机构合作。

那么，4大直播平台的入驻规则具体是怎样的呢？

一、4大直播平台的入驻规则

大家可能会有疑问，不同直播平台的规则到底是怎样的呢？下面我给大家分别介绍一下淘宝、快手、抖音、微信这4大平台的具体入驻规则。

1. 淘宝直播平台的入驻规则

要想成为淘宝直播平台的主播，商家或个人首先需要登录淘宝达人管理中心，入驻成为淘宝达人；其次要多发布原创内容（至少5条），以此来吸引用户；然后申请大V认证；商家或个人通过"大V"认证后，就可申请开通淘宝直播了，在发布视频后，等待官方审核直播权限；当商家或个人通过审核后，就完成了淘宝直播的开通，可以开始进行淘宝直播。

2. 快手直播平台的入驻规则

快手直播的平台的入驻门槛比较低，在快手App设置里找到实验室，然后申请直播功能，进行身份认证，身份认证需要商家或个人上传身份证的正反面或手持身份证的照片，所有信息填好后等待审核，审核通过后就可以直接进行直播。

3. 抖音直播平台的入驻规则

抖音直播的开通设有一定的门槛，首先抖音账号的用户数量需要达到 5 万，每个短视频的点赞量要超到 100 个，并且抖音账号发布的作品内容要相对优质。

在满足上述条件后，商家或个人需要发送邮件申请直播，其邮件的标题为"抖音直播申请＋抖音账号的昵称"，邮件内容包括以下几项：个人主页截图、原创的短视频链接以及身份证照片。通过抖音后台的审核后，就可以开始进行直播。

4. 微信直播平台的入驻规则

开通微信直播，企业需要提供营业执照、私域流量用户累计达 500 人的证明以及个人身份证信息。

目前，微信里的直播平台很多，其中腾讯看点直播的公信力较强，其具体的入驻规则在前文里有具体介绍，此处就不再赘述了。

二、直播平台的规范

2016 年 11 月，国家网信办出台《互联网直播服务管理规定》，对各大直播平台加强了法律上的监管力度。

除了相关法律规定，各大直播平台也制定了自己的内部规范，比如 2019 年，今日头条、抖音短视频、西瓜视频和火山小视频四大平台联合发布了一则《2019平台直播自律白皮书》，该白皮书对直播平台中出现的涉黄、涉暴以及违反社会公序良俗的内容提出了相关的自律机制。

总之，想要开通直播，商家或个人就需要提前熟悉各大直播平台的入驻规则，并且心中要有法律底线，否则如果因为触犯法律或违反规定而被封号，可谓得不偿失。

3.4 准备4：做好试播和时间规划

开播筹备的最后一步是做好试播和时间规划，所谓试播，就是指测试网络、调整灯光、环境，测试自己的语态和互动等；而时间规划，指的是直播运营人员要确定每天在什么时候直播。这看似简单的两个步骤要做好其实并不简单，那么，主播具体该如何做呢？

3.4.1 试播前的准备工作

要想做好试播，就需要做好试播前的准备，在试播之前，主播需要搭建一个美观舒适的直播间。直播间一些基本的硬件设施，在淘宝上就可以买到。

比如，你可以买一台内存很大的台式电脑，这样会比用手机直播操作更快，同时也可以解决主播边直播边用手机看用户提出的问题；灯具建议买南冠品牌的环形灯，用来补面光，同时还要布置几盏环境灯，建议购买条形灯带。

再比如，摄像头建议用"罗技 C920 型号"的，自带收音等功能，上网前一定要测试无线 WiFi，判断网络会不会出现卡顿和中断的情况。台式电脑一定要连接网线，且上行速度要在 2MB 以上；直播间面积不需要太大，36（6×6）平方米的房间基本可以满足直播需要。此外，干净整洁的背景也是必备的，这样可以让你的直播间看起来舒服、美观。

除了基础设备，主播还要提前准备好与用户互动的话题，否则主播一开直播不知道说什么，反而直接推荐商品，会引发用户的反感。所以，在试播之前，主播可以准备一些话题，比如时事热点、热播电影、有趣段子等作为直播的开场话题。

完成以上准备后，主播可以打开电脑的摄像头，观看拍摄画面，从而调整摄像头的位置、直播间的背景、自己的仪态等，从而确保直播能达到最好的效果。

3.4.2　如何做好直播的时间规划

关于直播的时间规划，我有几点建议提供给大家。

1. 选择适合自己的时间段

这里有四个时间段供大家选择，第一个时间段是早上，此时，观看直播的用户时间比较自由，并且早上进行直播的主播较少，这对商家来说意味着竞争较小，是一个吸引用户观看直播的好机会；第二个时间段是中午，观看直播的用户大多是职场人士，此时用户的状态通常比较疲惫，因此，在这个时间段偏娱乐化的直播内容比较受欢迎。第三个时间段是晚上，直播平台的流量在晚上处于高峰状态，无论是主播还是观众，参与的人数都很多；第四个时间段是凌晨，在凌晨观看直播的用户更愿意和主播交流，因此是主播培养忠实用户的好机会。

对于很多新主播，我不建议其在晚上的黄金时间段进行直播，可以多试一试早上和凌晨等时间段，当然，白天也可以。比如，我认识一个勤奋的主播，她的时间规划是这样的，每天用4~6小时直播，2小时学习产品和策划直播内容，2小时分析数据，一天工作很辛苦但是也很充实。

2. 固定自己的直播时间

如果商家直播时间固定了，那么随着直播时长的不断累积，用户也会慢慢适应商家的直播节奏，商家的直播内容也会逐渐给用户留下一定的印象，用户如果想看商家的直播，他们就会把这段时间段专门空出来。

相反，如果商家随意选择时间直播，那么用户对商家的直播很难形成固定的印象，长时间的停播还会造成用户流失，停播时间越长，主播则需要花费越多的时间来和用户建立信任关系。

3. 直播多长时间

对于主播来说，直播时长对产品的曝光量、用户的积累速度、直播的收益等方面会产生重要的影响。

不过，这并不意味着你可以为拉长直播时间故意进行无价值的直播，比如出现直播时吃饭、主播经常离开镜头等拖延直播时间的行为，这样会增加观众的流失概率，因此，主播在保障直播时长达标的同时，也要保障直播内容的质量。

第 4 章

脚本策划：针对产品，策划出一个单场卖货 1 亿元的直播脚本

所谓直播脚本，就是指保证某一特定直播有序且高效地进行、达到预期计划的直播方案。通常情况下，直播脚本能够有效避免不必要的直播意外情况发生，包括场控意外，缺乏互动等，是一场直播顺利进行的前提，也是直播变现的助推器。

4.1 通用版：直播脚本的通用模板

直播电商内容脚本一般分为三种：第一种是 UGC（用户生成内容，即用户原创内容）直播脚本，其核心信息是主播个人、商品和互动信息；第二种是 PGC（专业生产内容）直播脚本，有主持人、嘉宾、商品、游戏和互动信息，核心还是商品和互动信息；第三种是直播活动脚本，比如天猫"双十一"晚会的脚本，脚本大概有 2 万多字，其核心信息除了商品和电视手机大小屏互动，还有明星、游戏、广告植入信息，内容非常复杂。

但是在本节，我要教给大家的是，如何针对特定的产品，写一个通用的直播策划脚本。

4.1.1 直播通用模板的常见要点

事实上，一份详细的直播脚本甚至会涉及主播直播的话术，能够提升主播的语言吸引力以及在直播间与用户互动的能力。那么，一个直播电商脚本的通用内容，都包含哪些较为常见的要点呢？

1. 直播目标

本场直播希望达到的目标，可以是数据上的具体要求，比如观看量要达到多少，点赞量要达到多少，进店率要达到多少，转化带货销售额要达到多少等，这样设置目标更直观且目标性更强。

2. 直播人员

优秀的直播脚本，一定要考虑团队配合问题，这样才能让直播有条不紊地进行，而不是处处随机应变。

因此，你要注意各个人员的分工，以及职能上的相互配合。比如主播负责引导用户关注、介绍产品、解释活动规则，直播助理和直播运营负责互动、回复问题、发放优惠信息等，客服负责修改商品价格、与用户沟通订单等。

3. 直播时间

一定要固定好直播的时间，建议严格根据时间来直播，直播时段也建议相对固定一些：准时开播能够帮助用户养成观看习惯；到了下播时间建议不要"恋战"，及时预告第二天的直播内容，让用户持续关注，在促进用户观看习惯养成的同时，还能让用户对主播直播的内容产生期待。

4. 直播主题

主题是用户了解一场直播的核心，整场直播的内容应该紧紧围绕直播主题展开。假如你的直播主题是宣传店庆活动，但是观众进入直播间后，发现你一直没有发送活动福利，那么很可能会造成用户流失。

因此，你需要定下本场直播的主题，就像写文章一样，直播的内容不能偏离主题，比如今天的直播主题是"桃花妆"，那么直播内容就是教观众如何画一个"桃花妆"，并摆拍出好看的照片。

5. 直播脚本流程细节

直播是一个动态的过程，整个过程中涉及各类人员的配合、场景的切换以及道具的展示等多方面的工作。因此，直播的流程规划需要具体到分钟，前期要在脚本上做好标注，比如8点开播，开播后用十分钟时间在直播间进行预热，和观众互动。后续的直播流程包括产品的介绍、每一个产品介绍多久等，主播要尽可能把时间规划好并按照计划执行。

6. 梳理产品卖点

在梳理产品卖点时，写出产品的特点，包括产品功能卖点及产品价格卖点，这样的话，主播在介绍时为用户提供更为真实且准确的信息。

7. 优惠信息和活动

在直播活动环节中，主播需要反复介绍玩法，这样能够更好地调动直播间气氛以及引导用户消费。

比如在直播间抽奖的时候，主播可以通过反复强调参与的方式,制造紧张的氛围——"还差 X 个预约名额就抽免单大奖,大家快快点击预约参与抽奖",在这种情况下,假如奖品是实物,那么主播一定要将奖品拿在手上,眼见为实,发挥活动更大的效果。

除了这 7 个要点以外,你还需要注意:直播间的脚本绝不是固定的,每次根据直播的内容做相应变化,所以最好每场直播都能做出一份直播脚本,然后以周为单位,一周更换一次玩法,这样你的直播脚本才能真正地发挥效用,为你成功带货打好基础。

4.1.2 直播脚本通用模版

为了让大家更加直观地了解直播脚本的内容,在这里,我以表格的形式来展现某一产品的直播脚本,如表 4-1 所示。

表 4-1 直播脚本通用版模板

	XXX 直播脚本
直播主题	XXX 秋季新品发布(从需求出发)
主播	XXX
主播介绍	某品牌主理人
	直播流程
1	直播准备(宣传方案、人员分工、产品梳理、直播设备检查)
2	预热环节(自我介绍、适度互动)
3	品牌介绍(品牌故事、店铺介绍)

（续）

XXX 直播脚本	
4	直播活动介绍（活动福利、流程、引导方式）
5	新品讲解（全方位展示与讲解）
6	新品测评（试用分享，切忌夸夸其谈）
7	观众互动（答疑解惑、故事分享）
8	抽取奖品（穿插用户问答）
9	活动总结（强调品牌与活动）
10	结束语（引导关注、预告下次内容）
11	复盘（分析问题、优化脚本内容）

以上就是直播脚本的通用模板，如果你是一个直播新人，那么可以参照以上模板来撰写你的直播脚本，相信会让你的直播顺利稳步地进行。

4.2 进阶版：直播促销项目的脚本策划思路

很多商家都知道，在做生意的过程中，时不时地做几次直播促销活动，可以在短时间内让直播间的热度提升，吸引更多观众参与，从而增加带货商品的销量。那么，这种促销类的直播脚本思路该怎样策划呢？

4.2.1 促销方案的制定

对于众多商家而言，直播促销的方案主要有以下这几种。

1. 会员积分促销方案

这种方案是指用户使用购物后产生的会员积分享受商家提供的折扣优惠政策，它通常能吸引老客户参与活动，还能提升新客户和老客户进店购买其他商品的概率。

2. 折扣促销方案

折扣促销包括直接折扣和变相折扣，直接折扣是指商家对商品直接降价进行打折销售；变相折扣则是指商家以免邮、组合商品、买赠等形式进行的促销。前者适合在节日期间实施，能够带动店里的人气；后者显得更加人性化，避免顾客因为折扣过多而对往常价格产生怀疑。

3. 抽奖促销方案

商家在撰写这种具有偶然性促销方案的脚本时，需要将活动的参与方式简化，因为复杂和难度过大的活动很难吸引客户参与。

4. 红包促销方案

红包是淘宝专用的一种促销工具，商家可以根据各自店铺的不同情况来制定直播过程中红包的赠送规则和使用规则。

以上提供的这4种促销方案，商家在进行直播脚本的策划时，可以根据自身情况选择一个合适的方案思路来撰写。

4.2.2 做好促销项目进程的脚本策划

促销项目越大,其流程会越复杂,因此,商家在开展直播促销项目之前,还需要做脚本规划,也就是做好促销项目的进程表。

一般情况下,促销项目的进程表通常由品牌LOGO、序号、部门、主要内容、负责人、备注、日期、各时间节点等要素组成。

需要注意的是,在部门要素中,商家需要通过脚本的方式,把责任落实到位。因此,商家在规划的时候,可以按照以下架构对促销项目团队的架构组建和工作职责进行划分,如图4-1所示。

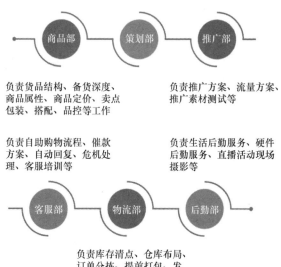

图 4-1 部门的架构组建和工作职责划分

如果商家能用脚本策划的方式把直播促销项目的进程安排到位，那么，促销项目在直播的过程中，一定会稳步、持续地推进。

4.3 高级版：直播互动活动的脚本策划和玩法

相对于通用版、进阶版的直播脚本，还有一种直播脚本更加高级。与前两者相比，高级版直播脚本侧重于对直播过程中互动活动的设计与策划。在这里，我就用两个案例来向大家具体阐述高级版直播脚本应该怎样策划？

4.3.1 天猫"双十一"晚会的策划思路和游戏玩法

一般大型直播节目和晚会的脚本策划分两条线：一条是节目和游戏线，这条线主要是明星与主持人负责表演和参与互动游戏，内容由节目制作方负责；另一条线是产品和福利线，即主办方什么时候给用户发福利，产品和福利由平台和商家负责。

以上这两条线，通过电视屏和手机屏，使用同步码技术，就能实现无缝衔接，观众则可以边看边买。

每年的天猫"双十一"晚会，因为有很多组明星，所以主办方常用的方式就是组成红黑战队进行"PK"，将明星分为两个阵营，让观众和手机淘宝用户也选组站队，通过游戏来分出环节胜负和场次胜负，猜对某环节或本场胜利的那一方，获得商家福利。

比如 2016 年的天猫"双十一"晚会有一个互动游戏叫"蹦蹦好运来"。

游戏规则是：红黑两队轮番上场，一个队伍派 3 人上场运输水，对方派 1 人阻挡，计时 70 秒，比谁的水运得多，同时阻挡者不能直接与对方进行身体接触，只能通过跳蹦床的方式进行干扰。

这个互动游戏的逻辑是：红队或者黑队进行游戏时，40 秒钟以内，获得观众点赞数较多的队伍，则可增加一人参与游戏，整个环节计时 6 分钟。游戏结束后，选择获胜那队的用户将获得巨额福利。

在当下很多晚会直播中，这种分两队相互"PK"的脚本模式已经成为主流，但是这种大型直播互动活动脚本的策划适合实力雄厚的品牌商家，规模较小的品牌商家可能支撑不了整个活动的开展，但是可以提前学习一下这种脚本策划模式。

4.3.2　美国的电商带货互动玩法

在美国，其实还有一种更高级的电商带货互动玩法，2018 年，我的团队曾给苏宁"双十一"晚会策划了一种互动玩法，最后因为特殊原因，苏宁取消了"双十一"晚会，所以这个创意至今还没有人使用。

这个游戏叫"人民的选择"，它的高明之处在于游戏没有标准答案,被选择最多的那一个选项就是正确答案,但是谁也不知道别人会选择什么。

游戏的整个流程是这样的。

第一步,发布。这是一道只有A、B两个选项的选择题,比如你要送女朋友生日礼物,哪份礼物最受大众欢迎:(A)一套YSL限量版口红,(B)99朵蓝色妖姬玫瑰,这个问题其实是没有标准答案的。

第二步,选择。规定时间内,选择人数最多的答案为正确答案。

第三步,奖励。明星在未知情况下做出选择,选到人数多的答案即为胜利。

第四步,惩罚。答错最多的明星,由全民投票决定其惩罚项目。

我们可以看到,其实这种玩法就是天猫"双十一"晚会直播互动活动的升级版,整个互动流程非常的刺激。在这条节目线中,如果再穿插一条产品和福利线,用户肯定会激动地尖叫起来。

以上三个版本的脚本策划是我多年经营直播活动所积累的经验总结,既有具体的脚本撰写模板,也有相关的脚本策划思路与玩法,希望原本不会做直播脚本的商家或个人,在学习本节内容后,能够撰写好自己的直播脚本,并成功带货。

第 5 章

销售话术：5 步销售法和 10 个常用的直播间应答方式

> 对于主播而言，在直播间销售，最重要的是依靠良好的语言组织能力，有的人具有这方面的天赋，比如能说会道的李佳琦。但对于直播间里"无话可说"的主播来说，直播的销售话术就像是强心剂，能在一定程度上帮助直播新人实现蜕变。

5.1　直播间的 5 步销售法

或许你会问,到底该如何拥有良好的语言组织能力呢?要想解决这个问题很容易,但是解决起来又很"笨",方法就是不停地说、不停地模仿、不停地创新,这三点就是成功秘诀。如果你能把我下面所讲的 5 步销售法学会,并不断练习,相信你的语言组织能力一定会有所提升,那么,5 步销售法具体是什么呢?

5.1.1　"深谙人性"的销售法则

谈到卖产品,在营销行业有这样一个成功定律:"深谙人性"。意思是说,作为销售员,要想把东西有效地推销出去,那么你就需要将语言表达和人性特点结合起来。这个销售定律在日常生活中随处可见。

比如,如果你是女士,当你进入一家服装店后,导购员一般都会对你进行糖衣炮弹式的"轰炸",而在各种甜言蜜语的进攻下,相信大多数女性朋友都会沦陷并最终买单。

从本质上来说,直播带货也是营销的一种模式。只不过,相对于传统营销,由直播构建的虚拟购物场景,已经成功地将曾经在狭小市场的叫卖声带到了实时互动的直播间里。在直播带货的过程中,主播所扮演的角色,其实就等同于线下服装店的销售员、Shopping Mall 的导购员、美容院的顾问……其主要任务和目的,就是通过直播把产品卖出去。

这也意味着,"深谙人性"的销售法则对于线上直播带货模式同样适用。

说到这里,可能很多人又会提出这样的疑问:"深谙人性的销售法则在直播带货中具体应该如何体现呢?"答案很简单:在实际的直播过程中,主播只需要按照以下5个步骤操作,就能够真正掌握"深谙人性"的销售法则。

5.1.2　5步销售法的具体步骤

5步销售法的具体步骤如图5-1所示:

图5-1　5步销售法的具体步骤

1. 提出问题

结合消费场景找出用户的痛点以及需求点,给用户提供一个购买理由。举个例子,夏天有很多人注重防晒。那么无论是卖防晒衣还是防晒霜,主播在前期最好铺垫一下,讲讲日晒下的感受并提出使人困扰的问题,并让这些困扰成为直播间里互动的话题,注意不要形容得太夸张,要从现实中取材,可以从一句简单的抱怨开始讲起，比如，"今天又是个暴晒天啊，就羡慕那些皮肤怎么晒也晒不黑的人，我的皮肤就是一晒就变黑，所以虽然很喜欢夏天，但是夏天的紫外线却让我非常痛苦。"这样引出问题的方式，不需要深入讲，也不需要立即引出产品，重点是引起用户的共鸣。

接下来，我将教大家应该怎样设计直播开场环节。无论你准备了多少直播内容，如果没有设计好开场环节，那后续所有的工作都可能事倍功半，甚至徒劳无功，因此，直播开场的设计是至关重要的。直播开场是留给观众的第一印象，观众进入直播间后会在1分钟之内决定是否要离开。直播间中的观众会根据开场效果进行判断：这场直播有没有趣，这个主持人幽不幽默，要不要继续观看此次直播。

平淡无奇甚至让人反感的开场，通常会让观众马上退出直播间，因此我们一定要做好直播开场环节。通常设计直播的开场环节需要从3个层面出发。

（1）引发观众兴趣

直播开场时的观众来源分为两部分：第一部分是通过前期宣传引流而来，商家在微博、微信等自媒体平台进行宣传，用户通过点击链接来到直播间，成为第一批观众；第二部分是通过平台流量引流而来，在该直播平台随意浏览页面的网友，看到有趣的直播会点击进入。

主播需要利用语言、道具等，充分调动观众的积极性。

（2）促进观众推荐

前期宣传及平台流量带来的观众是有限的，甚至一部分观众会因为临时有事、网络故障等情况而退出直播间，因此在开场时，主播需要主动引导观众邀请自己的朋友加入直播间，保障直播间的热度持续火爆。

（3）带入直播场景

观看直播时，观众所处的环境各不相同，有的人在办公室加班，有的人在宿舍上网，有的人正在赶往机场的路上。主播需要利用开场，在第一时间将不同环境下的观众带入直播间营造的场景中。

2. 放大问题

放大问题要做到全面且最大化，把大家忽略掉的问题或困扰尽可能地列举出来，结合前文的例子，把不注重防晒的危害一一说明。比如，"现在才刚刚进入初夏，离秋天到来还有好几个月时间呢，夏天的紫外线这么强，恐怕到时候我都要变成黑人了，俗话说一白遮百丑，我不是怕黑，其实我是怕丑！"

3. 引入产品

引入产品是指以解决问题为出发点，引入产品解决之前提出的问题。

继续以防晒内容为例，主播接着可以说："所以防晒很重要，大家日常可以选择穿防晒衣、涂抹防晒霜或防晒膏、使用防晒喷雾等。"然后逐一地引入产品。在这一步中,切记不要详细地对产品进行讲解,只须把问题解决掉,把使用产品所产生的好的结果展现给用户。

4. 提升高度

这个阶段就是展示丰富的专业知识的阶段了,主播要详细地讲解产品,并通过对行业、品牌、原料、售后等各个角度的介绍来增加产品的附加值,让用户对这款产品产生期待。

比如,主播可以从防晒指数的角度来做具体的解释:"这款防晒的SPF指数是50,防护程度还达到了PA+++等级,说明它可以有效延缓肌肤晒黑时间,防晒时间长,适合长时间在户外使用。"

5. 降低门槛

当主播给观众介绍完了该产品所有的相关内容之后,这个时候主播可以兴奋地讲解该产品优惠的信息、渠道的优势、独家紧缺程度等,从而降低观众最后的心理防线,让观众开启疯抢模式。

以上就是我所介绍的直播间的5步销售法,其实这种销售方法与平时在线下实体店采用的销售方法大同小异,但对于主播而言,他们是看不见顾客的,因此,主播在使用以上5步销售法的时候,一定要注意语言的连贯性,说话不能东一句西一句,缺乏逻辑性的讲解会令用户一头雾水，感觉是在浪费时间而移步别的直播间。

5.2 直播间的 10 个常用应答方式

与秀场直播不同，带货直播的受众群体会更广泛，这是因为商家直播的目的不是为了吸引某一个"会花钱"的用户，而是要吸引众多用户来购买产品，让自己的店铺影响力越来越大。因此，在直播的过程中，面对用户提出的形形色色的问题，主播是否该及时回复呢？又该怎样正确地回复呢？以下是我总结出的直播间的 10 个常用应答方式，希望对大家有所帮助。

5.2.1 直播回复的重要性

在直播间里，观看直播的用户都是潜在的购买用户，对于这些用户提出来的问题，主播需要及时地给予答复，否则，直播间里的用户会感觉他们的存在感较低，提出的诉求不能及时得到解决，会在心里对主播的印象大打折扣。且及时地回复用户能够起到以下作用。

1. 拉近主播与用户之间的距离

主播和用户隔着屏幕沟通，自然会形成一种虚拟感和距离感，如果主播能在直播带货的过程中，及时回复用户的问题，会形成一种接地气的亲切感。比如在李佳琦和薇娅的直播中，用户提出来的大部分问题他们都会不厌其烦地回答与解决，没有任何架子，他们真诚地对待每一位用户，于用户而言，主播就像是自己的"朋友"。

2. 直播"有话说"

有很多主播在直播的时候不知道说什么，于是很容易造成直播间冷场和尴尬的局面出现，在这种情况下，回复用户的问题就是一个很好的暖场方式。并且，对于很多直播新手而言，其直播时长有一定的规定，如果主播没有和用户进行充分的互动，那么这场直播的效果通常达不到预期。

需要注意的是，如果碰到较多的用户提问，你可以先把用户的问题记下来，有相同或者相似的问题可以一同回答，然后再按照提问的顺序来回答其他问题，这样做不仅会让回复效率变高，同时也会让用户感受到存在感。

5.2.2 直播间常遇到的 10 个问题和应对话术

在直播间里，我们通常会遇到用户提出的各种各样的问题，经过归纳后，我将最常遇到的 10 个问题总结梳理，以直播带货服饰类商品为例，给大家具体讲解一下应对的话术。

第一，如果有用户问："这是几号商品，你可以试穿一下吗？"

用户主动让主播试穿商品，说明用户对该商品已经产生了兴趣，主播需要耐心讲解，比如，"请先点击正上方红色按钮关注主播，主播马上给你试穿！"

第二，如果有用户问："主播多高，多重？"

这说明用户没有看主播背后信息牌的习惯。主播可以这样回复："主播身高XX，体重XX，穿X码，或者也可以看下我身后的信息牌，有什么想看的衣服可以留言，记得关注主播！"

第三，如果有用户问："我身高不高能穿吗？我体重太胖能穿吗？"

直播中经常会出现这样的问题，主播需要耐心引导解答，比如，"您要报一下具体的体重和身高数值，这样我才可以给您提供合理的建议！"

第四，如果有用户问："主播怎么不理人？为什么不回答我的问题？"

出现这样的情况可能是因为提出的问题太多而被主播漏掉了，安抚用户情绪很重要，否则用户将立刻离开直播间。这时要赶紧说："小姐姐，没有不理，如果我没有看到，你可以多刷几遍问题，不要生气哦！"

第五，如果有用户问："3号商品多少钱？"用户已经表现出想购买的意思，主播需要耐心解答。比如，"3号商品可以找客服咨询，报主播名字能领取 5 元优惠券，优惠下来一共是 39 元，左右滑动屏幕也可以看到各个商品的优惠信息，喜欢这件衣服的赶快下单哦！"

第六，如果有用户问："主播多大了？"提出这种问题的用户完全是出于好奇心，主播要保持一定的神秘感，可以采取风趣幽默的回答方式，比如："小姐姐可以猜猜看，猜对了给你糖吃哦！"

第七，如果有用户问："5 号和 6 号商品比，哪个更好？"很多人都会出现纠结的状态，因此在这种情况下，我们可以明确地告诉用户："5 号商品适合什么类型的人，6 号商品适合什么类型的人，小姐姐你是属于哪种类型的人呢？"

第八，如果有用户问："主播身上的衣服是几号商品？"很多主播听到这种问题通常会有点生气，但是在直播间里还是要耐心地回答："我身上穿的是 9 号商品哦，每件衣服都有对应的号码牌，左右滑动屏幕可以看到相应的优惠信息，下次一定要记住哦！"

第九，如果有用户问："有夹克吗？"提出这种问题的用户通常比较懒，因此主播应该耐心引导："小姐姐可以点击左下角的购物袋，7 号和 8 号商品都是夹克，小姐姐看中哪件都可以告诉我，我给你试穿展示一下！"

第十，如果有用户问："有秒杀活动吗？有抽奖活动吗？"提这种问题的用户通常是直播间的常客，因此主播可以这样回答："小姐姐，今天我们的4号商品在晚上9点有秒杀活动哦，优惠XX元，这个优惠力度很大，记得到时候过来秒杀哦！"

总而言之，作为电商主播，职责是带货，因此在直播时要多多保持亲和力和笑容。并且在直播间里，主播要做到语速快且表达清晰，一定要反复练习话术、熟悉话术，这样才能在直播的时候做到侃侃而谈。

第 6 章

人气暴增：从 0 开始实现 10000 人观看和涨粉

有种消费心理叫"从众心理"，即消费者会跟随大众的消费行为完成各种消费。由此可见，对于做直播带货的人而言，直播间的人气十分重要，高人气直播间能够持续吸引消费者关注并且获得他们的信任，本章内容将帮助商家或个人在直播间里实现万人观看与涨粉，从而让产品销量快速提升。

6.1 提升直播间人气的 4 个技巧

试想一下,作为主播的你辛辛苦苦完成了一场直播,结果观看的人却寥寥无几时,你会不会觉得很失望呢?更糟糕的是,在直播的过程中,当你卖力地宣传产品时,直播间的气氛却始终冷冷清清、隔着手机屏幕都能感觉到场面的尴尬,更别提带货了。

所以我们说,一场成功带货的直播,一定要有火热的人气支撑,人气越旺,说明用户的参与度越深;用户参与度越深,他们买货的概率就会越大。

那么,作为主播,如何才能炒热直播间气氛,提升直播间人气,让直播真正发挥带货功能呢?以下 4 个小技巧或许能够帮助到你(见图 6-1)。

图 6-1 提升直播间人气的 4 个小技巧

6.1.1 展现最好的互动仪态

当有用户进入了直播间,就意味着直播已经开了个好头,接下来，主播需要将一个最好的互动仪态展现给用户，这样才能抓住他们的"眼球"。要想展现最好的互动仪态，主播需要做到以下这两点。

1. 亲身示范

所谓亲身示范，就是指在直播的过程中亲自使用这个产品。比如销售服装，那么主播就要亲自试穿；售卖食品，那么主播就要亲自试吃；推荐护肤品，那么主播就要亲自试用……

在所有的互动方式中，亲身示范是最简单，也最常见的一种，绝大多数的主播在进行直播带货时，都会采用这种互动方式，比如，李佳琦的直播带货就是从试口红开始的。

需要注意的是，在亲身示范的时候，主播的吐字要清晰、声音要洪亮，如果解说了很久，用户却听得一头雾水，那么直播效果可想而知。

2. 注重表情和动作

丰富的表情也是直播中主播与用户进行互动的一个重要途径。主播在与用户进行互动时，可以尽量让自己的表情更丰富、更生动，同时多做一些小手势、小动作等，这些小细节会提升主播的亲和力，从而有效拉近主播与用户之间的距离。

6.1.2 展示幽默

在现实生活中,拉近人与人之间关系最有力的方式之一就是展示幽默,相信大多数人都很难拒绝有幽默感的人。同样的道理,在和用户互动的过程中,主播不妨多展现自己幽默的一面。比如,讲一些笑话、说一些故事,或者做一些有趣的动作等。

6.1.3 感谢用户

在进行直播带货的过程中,有的用户为了表达对主播的喜欢会主动赠送礼物,或者送上赞美之词。此时,主播如果主动向用户表达感谢,那么用户就会觉得主播是一位有礼貌、懂感恩的人,从而加深对主播的好感。而好感一旦产生,信任感就会随之而来,当用户充分信任主播后,主播推荐的产品,才更容易被用户所接受。

尤其是对于那些被主播点名感谢的用户而言,他们跟主播之间的黏性以及购买主播推荐商品的概率往往会提升。

说到这里,可能有人会问:如果没有用户送礼物或夸赞主播,还需要感谢用户吗?答案是肯定的,主播可以通过委婉的方式提醒用户关注你、与你互动。比如,"今天带给大家的产品,大家觉得怎么样啊?求点赞。""这个价格可是我好不容易争取到的,大家快夸夸我……"

6.1.4 明星造势

如今,一些主播们在直播带货中,我们经常会看见明星的身影。比如,2019年,李佳琦在进行直播时,就曾邀请了包括韩红、胡歌、朱亚文、林更新在内的许多明星前来助阵。而但凡是有明星加入的直播,人气都会提升不少。

除了邀请明星助阵外,许多明星本人如今也已经加入了直播带货的阵营,成了主播中的一员,比如李湘、伊能静等。有着高关注度和个人号召力的明星本身就是流量的中心,而当主播自身所带的流量和明星的流量结合在一起时,就会产生神奇的效应,变成转化率更高的流量。

所以,要想提升直播间热度,借助明星的热度来造势也是很好的方式。当然,对于大多数新手主播而言,要想争取到与明星合作的机会还是比较困难的,所以此方式较适合自身已有一定影响力的主播借鉴。

从本质上来说,相比于传统的电商形式,直播带货最大的特征便在于其具有的高互动性和娱乐性,但这同时也对主播提出了新的要求,如果主播不能提升直播间的人气,又如何能把产品推销出去呢?以上提到的4大直播间人气提升技巧,希望能够帮助到大家。

6.2 站外分享提升直播间人气的 3 个途径

上文提到的 4 个提升直播间人气的技巧,都属于直播间内运营的范围。对于主播来说,除了重视站内运营外,站外运营也不容忽视,尤其是对于新手主播而言,通过站外运营吸引粉丝提升直播间人气十分重要。

那么,站外运营具体应该如何做呢?

根据我的直播经验,我认为站外运营的核心便在于分享二字,具体来说,分享的途径主要有以下 3 种(见图 6-2)。

图 6-2 站外分享的 3 种主要途径

6.2.1 分享到微博

一般平台向新手主播分配的流量相对较少,因此主播要保持一定的直播频次,不断优化内容,系统才会给你分配更多的流量。因此前期的内容积累、内容分享就显得很重要了!

首先可以将直播的预告分享到各个社交网站，比如微博、小红书等平台，通过这种预热方式，吸引更多的人进行观看。通常，这些因为看到了直播预告而进入直播间的用户，黏性往往会更强。

其次，主播可以在直播中分享自己的直播间链接，让更多的用户来到直播间，转化成为自己的直播间粉丝。

6.2.2 分享到微信

微信有两个分享入口：一是朋友圈，二是微信群。我个人的建议是，在这两个分享入口中，朋友圈更为适合。

这是因为，如果主播所在的微信群与直播中所卖的商品没有直接的联系，那么，即便主播做出了分享，效果也不会太好。当然，如果主播直播的内容刚好是和所在的微信群的需求对应，那就可以考虑利用这种方式。

此外要强调的是，要想达到更好的吸粉效果，微信的两个不同分享入口所采用的分享方式也应该不同。根据我的经验，朋友圈更适用于放二维码的分享方式，这样当感兴趣的朋友看到你的分享后，他们只需要在手机上点击二维码，直接识别就可进入。

微信群则更适用于直接发送进入口令或者进入链接的分享方式，有需要的群友只要在群内点击链接就可以直接进入观看。

6.2.3 分享到区域生活论坛

在这里,之所以要强调是"区域生活论坛"而不是商家端的论坛,是因为商家端论坛的吸粉能力往往较低,即便是吸引粉丝进入了直播间,这些人中也有很多不是自己的目标用户。而区域生活论坛中的内容分类清晰,用户需求划分明确,很容易找到对应的板块分享内容,吸粉力也很强。

6.3 新手主播吸粉最有效的 3 个方式

对于很多新手主播来说,最有效的吸粉方式主要有 3 种,分别是发红包、抽奖和秒杀。下面,我将具体分析应该怎样用好这 3 个方式(见图 6-3)。

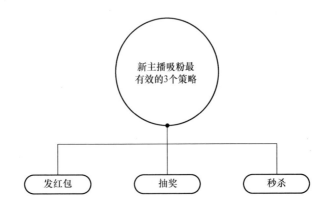

图 6-3 新手主播吸粉最有效的 3 个方式

6.3.1 发红包

如今,几乎人人都微信中建立了家庭微信群,一到逢年过节,群里的亲人们就会以发红包的方式表达对彼此的问候和祝福,而在红包的刺激下,群氛围一下就活跃起来了。

事实上,做直播带货也是同样的道理,只不过,在微信群里,红包刺激的是群里的亲朋好友;而在直播间里,红包刺激的则是彼此并不认识的用户。但不管是相互认识的亲人、朋友,还是互不相识的直播间用户,谁又能对抢红包不感兴趣呢?

从这个角度来说,在直播带货的过程中,作为主播,如果你感觉直播间的氛围比较冷清,如果你需要一个炒热气氛、带动话题、激发用户参与积极性的工具,那么,红包就是你最好的选择。

具体来说,在发红包时,最好采用不定时发红包的方式。这是由于进入直播间的用户并不清楚具体的红包发放时间,所以为了得到红包,他们会一直待在直播间内,这样的方式有效延长了用户的观看时间,提高完播率。

此外,作为新手主播,如果你决定在直播中发红包,那么在直播之前,你首先就需要准备1000元红包或者等价值的平台虚拟货币,发红包的方式可以选择通过使用支付宝口令送红包,也可以选择在直播间送虚拟货币红包,或者二者组合使用。

我们在培养新手主播的时候做过统计,对于一个新手主播而言,采用红包的玩法,第一天直播的观看人数通常会超过1000,甚至有的直播场次观看人数能超过2000,直播观看用户转化成直播间粉丝的概率为10%左右,那么这一天主播可以积累100至200个粉丝。

这个数据也从侧面说明了通过发红包的方式来提升直播间人气是非常有效的。

6.3.2 抽奖

抽奖也是提升直播间人气的一种有效玩法。

抽奖的方式有很多,目前被主播们使用最多的方式应该是截屏抽奖,即随机抽取一名观看直播的用户,给予一定的奖励。除了这种常规方式外,主播也可以结合自己的实际经验、平台特性、功能等,开动脑筋来设计一些更有效的高级抽奖玩法。比如,我们曾策划过一个直播间活动,叫"找茬茬",即找出编号为单数的商品里错别字最多的一款,找到的用户将会收到礼物一件。

6.3.3 秒杀

熟悉直播的人对于秒杀一定不会陌生,这也是主播在进行直播带货时经常会使用的招数之一,同时也是提升主播直播间人气最有效的方式之一。

需要注意的是，不管是哪种形式的秒杀，既然是想通过"实惠"吸引用户、通过"让利"使用户心动，那么你的实惠和让利就必须是实实在在的，而不能弄虚作假。如果秒杀的价格和你秒杀前的价格没有很大区别，那么，秒杀也就失去了意义。更糟糕的是，它可能还会使你在用户心中的形象大打折扣。

尤其是对于那些初次进行直播的主播而言，我十分推荐的吸粉方式就是秒杀活动。尽管从某种程度上来说，秒杀可能会让主播失去利润空间，但是作为新手主播，比起产品利润，更重要的任务应该是先让用户留在直播间，并且在直播间下单购买产品。而秒杀，就是帮助你完成这一步的有效方式。

6.4 观看量和涨粉效果俱佳的直播间的 4 个共同点

在研究大量的直播案例后，那些观看量和涨粉效果都不错的直播间，我发现大概有以下 4 个共同点（见图 6-4）。

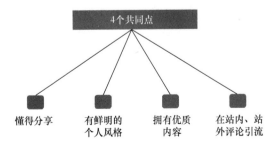

图 6-4 观看量和涨粉效果俱佳的 4 个共同点

6.4.1 懂得分享

在直播带货的过程,有的主播经常会分享自己的日常生活和经历,让用户能够了解自己,这样做的好处是迅速拉近用户与自己之间的距离,形成一种亲近感。通过这种方式,这些主播也成功获得了众多用户的追捧,比如薇娅。

根据我的直播经验,在做直播互动时,主播一定要明确一个观念,那就是越是生活化的东西,越容易被别人接受,适当地多讲一些自己的亲身经历,分享一些自己的成长故事,用户会觉得你更真实,也更愿意信任你。

6.4.2 有鲜明的个人风格

提到主播,许多人脑海中的第一反应就是"高颜值"。不可否认的是,"高颜值"确实是主播直播时的加分项,能在第一时间吸引用户的注意力。

不过,"高颜值"也绝不是做主播的必备项,毕竟,相较于过去的秀场直播和娱乐直播,电商主播的直播任务已经发生了根本性的转变,而拥有特色风格和互动能力对于主播而言更为重要。

因此,如果你样貌普通,也不要气馁。只要你有鲜明的个人风格、优秀流畅的表达能力,有"有趣的灵魂"和足够吸引人的特质,那么,你同样可以吸引用户的关注。

如今，随着直播带货队伍的壮大，他们中的许多人人气毫不逊色于"高颜值"主播，而在他们身上，都有一个最显著的一个特点，那就是个人风格特别强。

6.4.3 拥有优质内容

熟悉直播的人都知道，新手主播通常在平台内获得流量的概率是非常小的，而只有当新手主播能够保持一定的直播频次，并做到内容的不断优化升级之后，平台才会为其分配更多的用户流量。在这之前，用户的累积几乎都要依靠主播的个人力量，因此，对于直播内容的打造就变得尤为重要。

在过去的一年中，我们培养了许多优秀的带货主播，通过对这些主播的直播情况进行认真分析发现，他们的直播都有一个共同特点，那就是不仅仅是在单纯带货或是像读说明书式的枯燥宣讲，他们会在直播中分享生活故事、干货知识、展示才艺等，而这些内容也是他们的直播之所以深受用户喜欢的重要原因之一。

在这个以内容为王的泛娱乐时代，人的注意力是很容易被分散的，而优质的直播内容，就是重新聚拢用户注意力、成功吸粉的最佳利器。当然，优质的直播内容需要主播们长期积累相关的经验。

6.4.4 站内和站外的评论引流

在看直播的过程中，不知道大家是否也和我有同样的习惯：除了会关注直播本身外,也会关注直播间的评论,有时候,评论或留言可能会比直播本身更好玩、更有料、更让人回味无穷。而当评论区出现了某个其他主播的直播信息时,如果这个主播的留言或评论足够吸引人或者很符合自己的口味,用户们便会顺势点击进入该主播的直播间。

通过调查研究,我们发现大多数人气火爆的直播间,其评论区显得非常热闹,由此可见,这些主播在直播时,会抓住大多数用户喜欢看评论的习惯,通过发表评论来引流。

这其实也就是所谓的"评论区引流法",具体来说,就是主播在运营直播账号的过程中,找到一些跟自己定位类似、用户众多的头部主播的直播间,然后在这些直播间的评论区内发言,吸引用户。

对于直播而言,评论区引流是一种既简单、又高效的引流方法。那么,商家在利用这种方式涨粉时通常会采用哪些技巧呢?

1. 积极与用户的评论互动

当用户在主播的直播间里评论留言时,主播需要积极回应,这样做既能够挽留住用户,同时还能在回答问题的过程中,借机宣传自己的直播账号。

2. 用直播大号评论引流

如果直播间没有足够的用户,那么你就可以进入头部主播的直播间，当头部主播提问时，你可以用自己的直播账号频繁地与之互动，这样能够引起更多人关注，在必要情况下，还可以给头部主播送一些礼物。

同时，在头部主播直播的时候，你可以寻找一些适当的时机在评论区里宣传自己，比如你进入的是一个服饰类头部主播的直播间，如果在该直播间中有用户询问"有没有连衣裙"，该主播说"我们只卖短袖"，那么此时你就可以回复这位用户"我这里有很多连衣裙，平时也会直播一些相关内容，有兴趣的可以关注我"。

在实际的评论区引流过程中，很多人气火爆的直播间都会用到以下实用的技巧。

第一，评论要有选择性和策略性。主播想吸引什么类型的人群，就要去该类型的直播间评论。比如，如果主播想吸引的目标用户是年轻、时尚的爱美人士，那么，就可以到一些美妆、服饰类主播的直播间留言、评论。

第二，评论内容要足够吸引人，或者评论字数足够多。大家在别人的直播间留言评论的主要目的是要让用户注意到你并引导用户关注你，所以不能为了评论而评论，而应该让自己的评论内容足够吸引人。像"支持""太好了"这样的评论，除了会增加评论区的评论数量之外对你毫无意义，产生不了任何价值。

具体来说，主播在评论区发表的内容风格可以是幽默诙谐的，也可以语出惊人，这些都可以给人留下深刻的印象。如果你想不出更好的内容，则可以将评论的内容写得多一些。只要表达出真诚态度，同样能够吸引到别人。

这个道理其实很简单，试想一下，同样是评论，几个字的评论和几百个字的评论哪个会更吸引人浏览呢？答案显然易见。不过，正所谓"言多必失"，当你采用了撰写大段文字的方式来吸引用户的时候，要注意你的评论内容不能涉及太多的广告，也不要出现不文明或者不恰当的言论，否则，评论效果将大打折扣。

第三，用利益引导关注。要想让别人通过留言来关注你，除了上述所讲的两种技巧外，你还需要设置一些诱饵（利益、好处）来引导用户的关注。诱饵分为以下两方面。

物质方面，比如优惠券、折扣券、体验券、小礼品等；
精神方面，比如电子书、软件、教程等。

需要注意的是，不同的平台对利益引导的包容程度是不同的，这一点需要你在实践操作过程中分析和总结，不断地积累经验。

第四，多关注几个直播账号，做到"处处留言"。关注100个类似的直播账号，意味着你就有了100个评论区推广及引流的渠道；如果你能在每一个直播间留言，你就能获得100个推广引流的机会。

第五，评论区的广告要"软"着陆。如今，大多数人都对广告非常反感,如果评论区里发表的内容有非常明显的广告痕迹,则容易遭到用户排斥,难以实现引流的目的。因此,在进行评论区引流时,主播一定要注意对用户定位进行分析,实现广告内容在评论区的"软"着陆。具体来说,就是要做到以下几点。

对目标人群进行精准的定位;

充分了解自己所吸引的用户群体;

弄清楚用户的关注点,即明确可以用什么方式来吸引这个用户群体。

第六,关注引流结果。许多主播在直播间评论区引流成功之后,往往认为自己已经达到了吸引用户的目的,于是对结果不再关注,这样做是不对的。

当你成功地利用话术将用户从其他主播的直播间吸引过来之后,你还必须提供给用户值得他们关注你的内容,只有当用户觉得你的直播间能够提供有价值的内容后,他们才会更愿意在未来持续地关注你。

总之,主播在评论区进行引流的时候,除了要关注过程,还要关注引流结果。

事实上,要想提高一场直播的观看量,商家或个人在站内和站外都要想办法运营,这样才能增加直播间人气暴增的概率。

第 7 章

爆款包装：千万流量验证过的直播预告、爆款标题和封面

在这个碎片化阅读的时代，人人都是阅读者、鉴赏者，产品包装的好坏能够决定产品在消费者心中的第一印象。在直播里，直播预告、爆款标题和封面就像是直播间的"门面"，如果商家或个人能把握好这三点，相信会为直播带来不错的流量。

7.1 直播预告的发布

俗话说:"细节决定成败。"这句话用在直播行业也是一样的道理。很多商家或个人在开通直播后,一般会直接上播,忽略直播预告这一环节,而对这个环节的忽略,会直接导致直播间的流量达不到预期。

观察李佳琦和薇娅等头部主播的直播,我们发现他们每次直播前都会在相关平台发布直播预告,这也是李佳琦和薇娅直播做得如此火爆的关键因素之一。

那么,直播预告到底具有怎样的魔力呢?它的发布流程又是怎样的呢?发布过程中要注意哪些因素呢?

7.1.1 直播预告的重要性

对于资深的直播运营而言,每一次直播都要做好充分准备,提前帮助主播发布直播预告。也许有人会问:"直接开播不就行了,为什么要发直播预告呢?"发布直播预告并不是可有可无的环节,接下来,我将和大家具体聊聊发布直通预告的重要性。

1. 便于用户提前了解

清晰的预告主题和直播内容,能让用户提前了解直播内容,这样一来,看到相关预告的用户会了解下次直播中是否有自己需要的产品,如果用户刚好看见想买的商品,那么他们就会准时等待主播开播。

2. 便于平台进行包装与推广

发布直播预告能让直播平台的运营提前挑选出好的直播内容,从而更好地进行主题包装推广及直播广场的浮优操作。

3. 更好地与用户进行匹配

预告中分享的商品,在开播后,平台能更好地利用大数据的力量,将主播的直播内容匹配给适合的用户观看,从而使主播获得更精准的用户流量。

4. 蓄积流量

发布直播预告其实就是在做预热推广,因为很多用户并没有那么多的时间观看直播,直播预告可以将直播时的活动提前公布,比如观看直播可以领优惠券,直播预告一般提前两天发布,这样可以积蓄流量为直播间增加人气。

7.1.2 发布直播预告的流程

了解完直播预告的重要性,我们还需要知道发布直播预告的流程,以淘宝直播为例,发布直播预告主要分为以下几项(见图7-1)。

图 7-1 淘宝直播发布直播预告的流程

首先,进入淘宝直播中控台;接着,打开"卖家中心",你会看到"自运营中心"版块,然后点击下面的"微淘内容管理";进入"直播"模块,接着点击"创建直播",并选择"普通直播"。

上述操作完成后,就可以填写直播预告发布信息了,按照页面要求填写"直播画面""直播开始时间""封面图""标题"等相关内容,所有内容填写好之后,商家就可以正式发布直播预告了。需要注意的是,淘宝直播的预告审核时间是每天下午四点,因此,直播运营需要在每天下午四点之前发布预告。

在发布直播预告时,要将粉丝群好好利用起来,把直播产品信息、活动优惠价格信息等内容用图片形式展现出来,每隔一小时在粉丝群发布一次,吸引粉丝关注,值得注意的是,直播预告的产品最好不要超过三款。直播开始前,我们可以通过查看开播提醒量和短时间进入量等数据,来衡量本次直播预告方式是否成功。

7.1.3 直播预告发布的规范与技巧

"预告虽短,但举足轻重",直播预告发布里的每个小细节都是极为重要的,一个要素的变动很可能会影响整个直播的效果。因此,直播运营在发布直播预告的时候,应该考虑得更加全面,这样才能顺利通过平台审核，并且获得预期的用户热度。

直播预告由标题、简介、标签、直播画面选择、直播时间、封面图、预告视频、直播位置、预告宝贝等要素组成，我从中挑选了封面图、标题、预告视频这三个要素，仔细分析这三个要素的发布，具体都有哪些规范。

第一，封面图。封面图一般需要两张，一张的尺寸为750像素×750像素，另一张的尺寸为1120像素×630像素（此尺寸图常用于首页，建议为浅色背景图）。

第二，标题。标题字数为10个汉字以内，其中，空格和标点符号算半个汉字。

第三，预告视频。预告视频的尺寸必须为16:9，如果想让你的预告视频登上淘宝首页直播模块展示，那么预告视频的内容标题、内容简介、封面图以及人物造型的风格要保持一致，并且预告视频的时长要控制在20秒之内，文件大小不能超过2MB，视频格式为MP4，视频全程不能出现任何字幕，视频展现出的内容不能过于简单。

直播预告除符合以上规范外，还有以下几个注意事项。

第一，直播预告可以发布多个，但是预告模块通常只能显示预告时间靠后的那个，因此，大家需要牢记预告时间，否则会容易搞混。

第二，手机淘宝首页的视频区是根据用户行为来匹配展示的，如果用户行为与你的直播预告相符，那么直播间就会自动出现在视频区中。

第三，假如遇到临近开播时间但预告还在审核的情况，不用过于担心和焦躁，因为预告审核并不影响直播照常进行。

第四，如果预告始终未审核完毕，那么直播运营人员需要确认一下上传的视频是否为特殊标签（此类标签的预告只有接收到邀约通知后才会被审核通过），因此建议直播运营人员重新选择其他标签，重新上传直播预告。

介绍完直播预告发布的规范，以下再给大家分享几个直播预告发布的实用小技巧。

第一，不要有水印。虽然说淘宝直播平台没有关于禁止放水印的明文规定，但如果想被推荐至平台首页，素材中绝对不能出现水印。

第二，画面简洁有重点。直播预告里避免出现无实际含义内容，要突出此次直播内容的重点和亮点。

第三，直播预告发布时间不要全部集中在晚上。晚上是各大主播发布直播预告的黄金时间段，因此，为了避免激烈竞争，商家可以将直播预告提前发布，提高其被用户观看的概率。

第四，加速版视频。关于直播预告视频，我建议的拍摄方向为："加速版"化妆小视频，"加速版"室内换衣小视频，漂亮的室外造型视频等。

以上这些就是对直播预告内容的基本要求，有创意、有能力的商家可以在此基础上自由发挥。

7.2 千万流量验证过的封面图

"人都是视觉动物,对于美的事物会产生本能的向往"。不管是发直播预告,还是做正式开播准备,一个好的封面图都显得尤为重要,它直接关系着直播间的点击率,使用恰到好处的视觉要素往往能够激发观众的观看欲望。接下来,我们将重点介绍被千万流量验证过的封面图的优化技巧。

7.2.1 直播封面图规范

除了前文提到的封面图尺寸的规范之外,直播封面图设计的规范主要有以下 4 个方面:

1. 设计封面图遵循的原则

封面图要做得足够清晰,能让用户一眼看懂这场直播的主要内容是什么,并且封面图的设计感要强,能给人营造一种视觉享受。

比如关于美食类的直播封面图要求:第一,使用主播照片或"主播+美食照片"均可;第二,如果是美食素材,照片须色泽鲜明有吸引力且和直播标题涉及的美食类型保持一致,如标题为"搞定沙拉只要三步",那么,封面图必须是与"沙拉"相关的且有版权的照片。

2. 固定信息

针对商家品牌宣传的直播,直播封面图需要展现与商家品牌相关的信息，这样能加深观众的印象。

3. 注意事项

第一，不要出现任何文字；第二，不要出现拼接图、边框图；第三，画面完整，主题突出，设计简约；第四，封面图内如有除主播之外的人物图像，需要准备相关的版权说明；第五，内容必须填满整个页面；第六，不要出现与本场直播无关的元素。

4. 打标规范

图标的最大尺寸为180像素 × 60像素，其位置固定在右上角，不能随意移动。

7.2.2 直播封面图的优化指南

一些垂直领域平台对直播的封面图要求更为细致，在这里，我主要将其分为两类，一类是"颜值类"直播，另一类是"非颜值类"直播。

首先我们来了解关于"颜值类"直播的封面图如何优化，我给大家举了几个例子。

比如，护肤美妆类封面图的优化要求：第一，封面图展示的内容不能仅仅是商品，需要配有主播人物照片；第二，封面图需要展示护肤或妆后的相关照片；第三，封面图需要和直播标题涉及的妆容类型保持一致,如果直播标题为"动物仿妆技能",那么封面图必须为仿妆完成后的、有版权的照片。

再比如,潮流搭配类封面图的优化要求:第一,封面图展示的是搭配后的照片;第二,封面图需要和直播标题涉及的搭配类型保持一致,如果直播标题为"手把手教你扎出丸子头发型",那么封面图必须为发型扎好后的、有版权的照片。

要想让"颜值类"直播的封面图具有美感,那么直播运营人员还需要学习一定程度的PS(photoshop)技术,将人物图适当进行美化,这样才能更吸引观众关注。

由此可见,"颜值类"直播封面图的展示重点在于主播或代言人的外表,以妆容、衣着等外观要素来吸引观众。

接下来,我再来介绍一下"非颜值类"直播的封面图如何优化,此类封面图多用于展示与品牌相关的内容,封面元素既可以用代言人或主播的照片,也可以直接展示产品,品牌LOGO一般放在封面图的右上角,并且该位置不能出现其他文字。

值得注意的是,大多数平台对"非颜值类"直播的封面图有一些特殊要求,比如,针对母婴行业的直播,要求其封面图只能放置有主播肖像版权的照片或者商品图片,不能仅放置小朋友的照片。

总之,封面图的设计要简洁、美观、大方,充分吸引观众。对于专业的直播运营来说,他们通常还会借鉴店铺运营的方式,将制作好的封面图用"钻展"(钻石展位,淘宝网图片类广告位竞价投放平台)

进行推广,采用点击数据高的图片,这个方法可以说是相对科学的。

7.3 爆款标题的书写

一个好的标题,能侧面提升直播间的带货能力,那么,如何才能打造出一个爆款标题呢?

7.3.1 爆款标题的书写规范

要想撰写出爆款标题,我们首先得了解标题书写的规范,其规范有以下七个方面:

1. 不要放利益折扣信息

如"秒杀、送衣服等",以及"#"符号,这些信息一般放在内容简介里。

2. 标题里要有场景信息

直播标题要与用户工作生活中最常见的场景相关联,这些场景能让用户产生熟悉感、亲切感、真实感。

3. 引发共鸣

针对产品做用户画像,遴选出能引发用户共鸣相关的信息,把用户最关心的痛点信息展现在标题中,让用户觉得直播内容和自己有关,并且解决的就是用户自己的问题。

4. 文字简洁

简洁的标题能让用户一眼抓住重点。标题字数最好控制在15个字以内,如"回头率100%,只因做对了这6件事"。

5. 实事求是

"真诚"是直播成功的一大关键因素,比如主播的身高是170cm,那么就不要出现"小个子穿搭攻略"这样的标题内容。

6. 善于抓住人们的心理

很多人之所以长期"在线"或者不停"刷"朋友圈,是因为他们常常会害怕错过什么,抓住这种心理打造标题的题目为可以促使人们点击或者分享直播内容。

比如,有一篇年度热门文章的题目为《不要对自己做的30件事情》,还有类似内容的文章题目为《应该为自己做的30件事》,含有"不要""避免""别"等字眼的文章能够引发人们的危机感,吸引人们阅读。

7.3.2 爆款标题的书写技巧

了解完相关标题的书写规范后,接下来,我们将一起学习直播标题的打造方法，打造出具有吸引力的标题，让用户在看到直播标题的几秒钟之内便能点击进入直播间。

在这里，我为大家总结了一些爆款标题的打造技巧。

1. 巧用生活用语

使用生活化的用语，能够营造出轻松自然的氛围，拉近与用户之间的距离，这样的标题通常都比较"接地气"，在众多文案标题中会显得格外亲切。

比如，"朋友们，听我聊一聊厨房与爱"。

2. 巧用标点符号

标点符号通常会给平淡的标题制造一些情绪起伏的效果。

比如，"告诉大家什么叫根！本！停！不！下！来！"。

结合我的实战经验，我认为经常使用问号和感叹号来表达自己的情绪，可以给用户带来一种震撼的感受。这种"震撼体"的标题很容易带动用户的情绪，从而引导用户的行为。

3. 巧用"颠覆"

生活中那些约定俗成的事情有时候也经不住追问，追问一句"为什么"有时候能起到"颠覆"用户认知的效果，从而吸引用户的目光。

比如,"原来这款裙子也可以这么穿!"

这类标题通常不按常理出牌,往往会比较新奇,很容易引发用户的好奇心。

关于如何打造标题,我还有一个小小的技巧,头条推出了一个叫热点实验室的项目,根据大数据为访问者列出一个具有爆款潜质的热点图文清单,我觉得大家可以学习一下,真正吸引人的标题、高流量的标题都是什么样子的。

4. 巧用修辞

一般情况下,使用修辞手法所打造的标题很容易引发用户的联想,因此,直播运营可以巧用这种方式提升直播标题的魅力,留给用户想象的空间,让他们自主想象产品的使用场景,以下是打造直播标题常用的几种修辞手法。

(1)比喻

比喻包括明喻、暗喻和借喻三种形式。使用比喻的形式撰写带货文案的标题就是指要用更生动且用户更熟悉的事物,来替代产品的某些特质,从而激发用户的想象力,引起用户的兴趣。

其中,在明喻的表现形式中,比喻本体与喻体是同时出现的。例如,某护肤品牌曾经推出了一款黄瓜美容面膜,其直播标题为:

"使用×××,肌肤如同剥了壳的鸡蛋"

其中,"肌肤"就是本体,"剥了壳的鸡蛋"是喻体,通过明喻,将产品使用后的功效及用户体验完完全全地呈现了出来,不仅获得了用户的好感,也激发了用户的购买欲望。

暗喻表现形式是将与产品有相似关系的另一熟悉事物,比喻成产品,从而加深用户对产品的认知程度。例如,某丝袜品牌的直播标题为:

"XX丝袜,您的第二层肌肤"

通过将丝袜暗喻为"第二层肌肤",从用户的角度出发,告诉用户丝袜不仅质量好,还能保护好肌肤,可谓一举两得。任何好的比喻都要从用户的角度出发,以达到事半功倍的效果。

借喻表现形式是直接用喻体替代本体,即将产品换成被比喻的事物,从而凸显产品优势。例如,某电暖气企业的直播标题为:

"你想拥有冬天里的一把火吗?"

通过将电暖器直接替代为冬天里的一把火,来凸显电暖气的制热功效,让用户一目了然。

由此可见,在撰写直播标题时,适当地使用比喻的修辞手法,不仅能拉近产品与用户之间的距离,还能让用户更加清楚商家的售卖内容,能给他们带来什么,如果他们在第一时间获取了想了解的信息，那么双方距离成交也就不远了。

（2）比拟

比拟是将人的一些特质赋予产品。在直播标题中采用比拟的修辞手法，能够让产品"活"起来，与用户产生互动，从而吸引用户参与。比拟包括拟人与拟物两种形式。

其中，拟人是将产品人性化，赋予产品人的外在特征、内在情感等。

赋予产品人的外在特征包括赋予人的动作、行为、语言、外貌、身份等特征。例如，某吸尘器公司推出的直播标题：

"有了它，你的地毯将不再愁眉苦脸"

大家都知道地毯具有易脏不易清洁的特点，且清洁的过程中稍有不慎便会弄坏地毯。但是这个文案标题通过将人的外在表情特征——愁眉苦脸赋予地毯，告诉用户这款吸尘器不仅可以让地毯变得干净，也能让你用得开心，从而引导用户的消费行为。

在进行直播标题的撰写时，商家可以适当地赋予产品一些人的外在特征，让产品更加人性化，这样不仅能够向用户生动形象地展示自身的功效，还能拉近与用户之间的距离，提升用户对文案的接受程度。

在采用拟人的修辞手法撰写直播标题时，一定要将人的特质融入产品中，才能直击人心，实现带货目的。

把人当作物，也可以把此物当作彼物来写，这就是拟物。例如，某家酿酒公司曾推出的直播标题：

"在加利福尼亚酿造出全人类的快乐"

通过将"酒"比拟为"全人类的快乐"，向用户传递出这样的信息：无论你是不是来自美国，只要你购买了这瓶酒，你就能享受到同样的快乐。

就是如此简单的几个字，再加一点修辞，可以让你的直播标题变得吸引力十足。

通过以上技巧来撰写直播标题，既可以帮助用户构建画面，消除用户对广告的排斥感，也能将产品信息植入到用户的大脑中，形成情感共振、价值认同，从而勾起用户的购买欲望。

当你拥有专业的直播预告、漂亮的封面图以及吸引人的标题后，相信看到的用户迫不及待地想要点开你的直播间了，这也是爆款包装之所以能给直播带来千万流量的秘诀。希望通过了解、学习以上要点，能对正在为吸引直播流量而苦恼的你有所帮助。

第8章

数据分析：不懂数据分析，直播12个小时也没用

做过运营的人应该都知道，所有互联网平台运营的策略都是指向一个目标，那就是最终的数据结果。这是因为在互联网时代，数据是不会骗人的，直播电商也遵循这个规律。因此，直播运营人员如果不懂数据分析，商家直播再久也没有效果。

8.1 为什么要做直播数据分析

与传统的电视购物频道相比,互联网平台直播带货的用户数据是可控与可视的,这也意味着我们能够通过分析数据的方式来衡量直播的效果。

事实上,直播经济也是注意力经济㊀,因此,商家要想通过数据来分析直播内容的受欢迎程度,首先要了解目前直播行业的市场有多大。

以淘宝直播为例,淘宝直播一天的 UV ㊁大约在 1500 万左右,并且通过淘宝直播入口在手机淘宝 App 首页的位置逐渐上移这一现象,可以看出阿里对直播的重视以及扶持力度。

其次,我们要知道平均每个人能看多长时间的直播,有一个公式可以快速地计算出来:总时长 = 平台总 UV × 观看时长,比如今天有 1500 万 UV 进入淘宝直播平台,如果每个人看 10 分钟,总时长就是 1500 万 UV × 600 秒 =90 亿秒。因此,如果今天用户进入你的直播间,且并不准备离开,意味着用户在这里消耗掉了时间,那么在同一时间段,其他主播的流量就变少了。

淘宝直播频道除了精选以外,还有其他几类频道,例如亲子、美食、珠宝、服装、生活、全球、美妆等,或许你会产生这样一个

㊀ 注意力经济是指企业最大限度地吸引用户或消费者的注意力,通过培养潜在的消费群体,以期在未来获得最大化的商业利益的一种特殊的经济模式。

㊁ UV 指独立(IP)访客(Unique Visitor)。一般来说,我们可以用两个数值标准来统计访问某网站的访客,即"访问次数"和"独立访客(问)数",访问次数和独立访客数是两个不同的概念。

疑问，在这些直播频道里我们自己占多少市场份额呢？接下来我就给大家具体分析一下。

现在很多运营者比较关注直播的观看时长，也往往会发现这样的情况：很多新手主播的直播时间虽然很长，但观看人数很少。

事实上，运营关注的不应该是进入直播间的人数，而应该更多关注直播间的人均观看时长，即当用户进入直播间，他能否留在直播间里呢？

据了解，有一些主播一天直播七八个小时，在线转化率虽然不是很好，但其观看人数较为可观，那么此时，主播就要改变一下直播的内容，比如可以在直播中设置抽奖、发红包等环节。在改变直播内容后，可以观察这些数据是否会发生变化。人均停留时间越高，用户黏度越高，转化率就越高。

计算直播间人均停留时长的公式为：直播间人均观看时长＝直播时长（秒）/观看人数。

优秀主播直播一场的人均观看时长可以达到6~10分钟，所以，如果大家想衡量自己的直播内容是否受欢迎，可以用这上面的公式代入数据计算，如果发现问题的话，要及时分析原因，优化自己的直播内容。

当对直播内容优化以后，主播就要关注自身吸粉（吸引粉丝）情况。互动效果的数据化衡量指标是直播过程中的核心，用户在观看直播的时候，能不能跟主播产生互动或者点赞行为，就要看主播的引导情况和直播内容策划的情况，互动的好坏将会直接影响用户的购买率。

对于直播权重起重要作用的，除了以上所说的维度外，还有直播时长。基于日常营销的常规直播，我们建议直播最低不能少于3个小时，按目前淘宝直播的规则来说，低于3小时的直播活动基本上等于没有直播，这是因为该平台的浮现机制是基于实时热度计算的，很多时候直播是在进行一两个小时后才会被平台推荐，平台流量才会给该直播匹配，如果直播时长过短就很容易造成浮现权提升了，但主播却下播了的情况发生。

因此，建议计划将直播作为全职和店铺超级流量入口的商家或个人的直播时长定为8小时以上。就淘宝直播排名的浮现机制来说，能在直播频道引入大流量的直播间，直播时长都在8小时以上，有些商家或个人甚至为了长期占据推荐位，会出现24小时不下播的情况。

总之，直播数据运营工作要求商家或个人从开播第一天就养成看数据、分析数据的习惯。所以，从这个角度上说，无论你要做多少场直播，每场直播结束后都要做数据分析。

8.2 直播数据运营的日常工作

通过前文的分析，想必大家对直播数据分析工作有了一定的了解，下面我们就来讲一讲直播数据运营的日常工作，其具体流程分为 4 个步骤（见图 8-1）：明确做数据分析的目的；获取数据；整理和处理数据；数据分析。

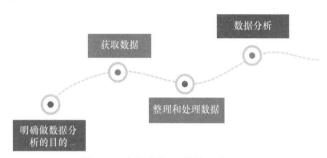

图 8-1 直播数据运营的日常工作

8.2.1 明确做数据分析的目的

之所以做数据分析，是为了发现并解决直播运营中出现的问题，从而推动直播业务增长。根据想要解决的问题类型，我们可以将做数据分析的目的划分为 3 类。

1. 分析现状

做数据分析的基本目的就是分析现状，比如直播的竞品有哪些，和竞争对手相比有哪些优势，直播产品的市场占有率是多少等。

2. 找出原因

商家在直播的过程中，也许会遇到用户流量有时很多，而有时却大量流失的情况，出现这种波动后，我们可以通过数据分析来找出原因。

3. 预测未来

对于每一位直播运营人员而言，用数据分析来预测未来行业的变化趋势是常用的手段。

直播运营人员可以根据数据结果判断直播产品复购的增长率，比如，在某次直播中，某件产品的直播转化率很高，那么在下次直播中，就应以这件产品为主打品，从而为直播带货带来更高的转化率。

在某些情况下，直播运营人员还可以通过数据推测平台算法，找到其中的规律，对直播内容做相应调整。

俗话说："知己知彼，百战不殆。"直播运营人员要充分利用数据分析的方法来了解自己、了解竞争对手，及时调整直播策略，方能运筹帷幄。

8.2.2 获取数据

明确做数据分析的目的之后，接下来，我们来了解应该如何获取数据，在这里，我以淘宝直播为例，向大家讲解平时查看数据的方法有哪些。

一般情况下，我们会用以下 3 种方法。

1.在"生意参谋板块"中查看手机淘宝直播的访客数和下单转化率,其具体操作流程为:卖家中心 - 生意参谋 - 流量分析 - 看板 - 转化。

2.直接在 PC 端直播中控台查看相关数据。

3.如果是淘宝达人主播,那么可进入阿里创作平台,依次点击:统计 - 内容分析 - 渠道分析进行查看。

如果想要查看相关隐藏数据,那么直播运营人员还需要通过一些特殊的付费渠道来查看,比如万商堂、大紫达人等直播软件助手。

8.2.3 整理和处理数据

整理和处理数据的过程其实也是数据统计的过程,在日常生活中,有不少直播运营人员没有养成数据统计的习惯,每次找出数据后只是草草地看一眼,直播遇到问题后,再把大量的数据翻出来整理统计,这样做效率很低。

因此,我建议所有直播运营人员在找出数据之后,要将所有的数据进行统计。一般的直播数据统计需要包含以下内容:日期、直播时间段、时长、累积观看人数、累积互动数、累积商品点击数、用户点击占比、用户最高在线时长、用户平均停留时长、用户回访率、新增用户数、转粉率、本场开播前累积用户数、场间掉粉数、订单笔数、预估转化率等。然后将这些具体的数据整理保存在

Excel 表格中。

8.2.4 数据分析

做好数据统计后,直播运营人员需要对各项数据做一次分析,这也是数据分析工作的最终落脚点,在这里,我向大家推荐3个分析方法:

1. 对比分析法

这种方法是通过对比以前的直播数据,找出异常数据。特别要强调一点,"异常"不是指差的数据,而是与平均线相比偏差较大的数值。

比如,某主播的日增粉量长期维持在 50~100 这个区间,某天直播后日增粉量达到 200,虽然这是好事情,但也算异常数据,直播运营人员需要密切关注,并查找原因。

2. 特殊事件法

我们发现大部分数据出现"异常"都会关联某个特殊事件,例如平台首页或者频道改版、标签变化、开播时段更改等,这就要求直播运营人员在日常做数据记录时需要同步记录这些特殊事件,然后对比分析。

3. 曲线分析法

曲线通常能够代表数据的走势,因此我建议大家可以挑3至4类相关性较高的数据,放到一起对比分析走势,从而预测趋势。数据分析,其实就是一种量化方法,量化的数据往往会更直观,直播运营人员也能从中找到问题并"对症下药",因此,多看数据,根据数据得出的结论对直播具有非常大的指导意义,千万不能不看数据,不懂数据。

第 9 章

流量提升：6 个上热门的流量规则

> 很多商家或者个人，做直播时想的都是如何上热门，却不知道如何看数据，如何优化自己的直播内容，更不知道流量背后的秘密。其实，只有弄清楚了上热门的流量规则，才能"对症下药"。

9.1 规则1：直播电商将呈现内容垂直化趋势

随着直播行业的兴起，未来将会出现越来越多的直播间，并且观看直播的用户群体也会变得越来越成熟，对直播内容的需求也会越来越专业化。

在这样一种趋势下，通过直播来获得大量用户流量红利将变得十分困难，要想突出重围，打造自身竞争力，那么直播运营人员就需要将直播内容聚焦在某一特定用户群体的需求上，在更多细分市场中寻找机会。

9.1.1 直播电商发展趋势：内容垂直化

以前，直播还算是一个"冷门"的行业，因此，很多率先"下海"的主播尝到了甜头，但随着直播的热度慢慢增加，越来越多的同质化直播内容出现了，观众也感觉到了"疲惫"。不过，还是有很多聪明的主播提前做好了规划，从众多同质化竞争者中脱颖而出，比如主要做美妆直播的李佳琦，只要一提到"口红"，人们就能立马想到他。

因此，内容垂直化将会成为未来直播电商的发展趋势。

9.1.2 垂直内容定位的原因——知道自己要什么比正在做什么更重要

直播离不开定位。要想让用户在千千万万的直播账号中发现你、关注你,那么,你就必须知道自己擅长什么、想要什么、将成为什么。所以,你的直播必须要有特色。

对于直播而言,对直播内容定位既是必不可少的前提,也是让直播账号脱颖而出的利器。具体来说,我们强调做垂直内容定位的原因主要有以下三点。

1.定位清晰的直播账号更受直播平台重视

事实上,在互联网竞争日益激烈的今天,许多直播平台更愿意扶持定位清晰、在特定领域做出受用户欢迎的垂直内容的直播账号,因为这些定位精准、内容明确的直播账号往往能保证平台本身的受关注度。

2.定位清晰的直播账号能更好地吸引流量、黏住用户

任何直播账号的定位都不可能照顾到所有用户的喜好,而要想争取到更多的用户、持续保持直播间热度,就必须找准账号定位的发力点,努力从自己的直播用户群中挖掘出更多的忠实用户,并且服务好他们。

也就是说,在做直播之前,我们首先应该给自己的直播账号制定一个完整的运营方案,锁定目标人群,并针对这部分人的具体喜好、个性特征、实际需求等方面确定直播内容方向。在这一基础上运营的直播账号,一定会比那些定位不清的直播账号更能吸引用户

关注。

看到这里，有些人可能会产生这样的疑问：既然定位清晰的直播账号是吸引用户关注的关键，为什么在做了直播的内容定位后，自己的用户不但没有增加，反而还下降了呢？

在这里，我想向大家说明的是，在实际的直播运营过程中，如果前期没有进行清晰的定位，后期再重新更正、重新定位的时候，确实有可能会出现这样的情况。比如，有些淘宝主播的直播内容在没有清晰的定位之前，偶尔做一场直播也能冲上热门榜单中，然而，在他对直播账号进行清晰的定位后，直播热度却降低了，用户也流失了不少，这也是在直播运营的初期不注重内容定位所带来的转型期"阵痛"。

但是，千万不要因为惧怕"阵痛"就放弃内容定位，因为在熬过了这个看似艰难的过渡期后，我们才能真正迎来直播的春天——收获大批的直播忠实用户。

9.1.3 怎样做好直播内容的垂直化

那么，直播内容的垂直化到底应该怎样做呢？在这里，我向大家提出两个建议。

1. 找准适合自己的领域

对于很多想尝试直播带货却还没有想好卖什么东西的人来说，

首先要找准自己擅长且适合的领域，这样你在直播带货的过程中，才能更好地发挥你的特长或者专业优势，真正地做到垂直化。

2. 要塑造某个领域的形象

找到适合自己直播的领域后，你还需要通过各种方法来塑造你在这个领域的形象。如果你能做到所在领域的观众不看你的直播也能知道你，才算把这个垂直领域给做活了。

总而言之，在未来竞争激烈的直播行业里，顺应内容垂直化这一发展趋势，才能让你收获大批忠实用户。

9.2 规则2：挑选或修炼成为头部主播

在直播间里，主播个人专业素养的好坏往往会影响直播带货的效果，因此，要想让直播上热门，拥有一个好的头部主播也是极其重要的条件之一。头部主播是很多商家想要合作的对象，因为他们不仅自带流量，其背后还有一群忠实粉丝，能够帮助商家招揽更多的买家。

9.2.1 应该如何挑选主播

对于很多商家而言，挑选主播也是一门学问，具体挑选方法主要参考以下几个方面。

1. 基本门槛

一个好的主播首先要具备基本的专业素养，具体要求如下：

（1）普通话标准，擅长与人交谈、活跃气氛；

（2）镜头造型感较强，能吸引人的目光；

（3）有良好的执行力，能积极配合商家完成考核任务；

（4）互动能力及表现欲强。

2. 匹配度与承接力

所挑选的主播是否适合带货自己的产品，这需要商家根据主播的过往直播数据来判断，同时，商家还要关注主播的直播转化率。每个平台上的用户群体都不一样，每个主播的用户群体也不一样，大部分主播只能带货低客单价的商品，而利润高、能提升品牌形象的高客单价产品，主播能不能卖得动，其承接能力如何，商家需要全方位考虑。

3. 风险控制

在正式与主播签约之前，商家需要确认主播是否曾跟其他机构或公司签约、是否可以保证每月直播时长达到××小时、是否能遵守直播间的规范秩序等，签约后再递交有关平台审核，从而更好地控制和预防风险。

9.2.2 合格主播的培养与修炼

就目前的市场状况而言,如果你想从竞争对手那里挖来一个头部主播,最少要花费上千万元,这对于大多数商家而言不是最优方案。其实商家要想做好直播,可以尝试在内部培养自己的主播。

那么,怎样才能将一个新人培养成合格主播呢?这里有一些方法供你参考。

1. 培养主播在镜头前交流互动的能力

如果主播不擅长在镜头前侃侃而谈,那么商家就需要让他在镜头前不断地练习,比如在做直播的时候,不断地和用户分享生活经历,这样做能迅速拉近用户与主播之间的距离。

2. 博采众长

商家在培养自家主播的时候,可以让他们多观看其他头部主播的直播,仔细分析别人直播带货成功的因素,然后在此基础上进行改进,从而形成属于自己独特的直播风格。

3. 打造主播的"人设"

在直播初期,为了吸引观众、积累人气,不少主播都会打造鲜明的"人设",以求给观众留下深刻印象。

(1)清晰的"人设"是直播的关键要素

在我家楼下，有许多早餐店，这些店里卖的早餐种类大同小异，几乎每家都有面条、包子、豆浆。在这些早餐店中，我发现有一家店生意特别好，每次去都会排队，而别家的生意则显得冷冷清清。

为什么会出现这样的情况呢？是他家的早餐更好吃吗？分析原因后我发现，他家早餐的味道和别家其实没有太大的差别，而人们之所以总愿意光顾那家店，是因为那家早餐店的老板十分亲切、喜欢与顾客聊天，让来店的顾客们心情愉悦。发现了吗？在这个案例中，人们之所以会成为早餐店的"用户"，是因为老板的"人设"让人们在吃早饭时感到心情愉悦。

直播带货也是一样的道理，在抖音、快手、腾讯或淘宝平台上，每天都有很多人做直播带货，可是，用户凭什么关注你并购买你推荐的商品呢？我想，这其中最重要的一个答案便是：你的直播能够吸引他们，主播具有让他们喜欢的清晰"人设"。

那么，究竟什么是"人设"呢？简单来说，"人设"就是人物设定，而打造"人设"就是打造出一个具有鲜明个性的人物的过程，在打造"人设"的过程中，商家要结合主播的个性、特点，杜绝打造虚假"人设"。

有人曾说，直播运营是一场心智之战，要想打赢这场没有硝烟的战争，你首先就要给自己打造一套具有战斗力的"装备"。这个"装备"，就是你的"人设"。从本质上来说，直播带货其实也是一个"以人带货"的过程，在这个过程中，立一个辨识度高、难以被轻易取代的"人设",可以帮助主播形成独特的自我标签,让主播在未来很长一段时间内很难被替代和复制。

(2)直播"人设"的打造方法

第一,每个人身上都有闪光点,这个闪光点便是别人会喜欢你的主要原因。因此,在打造"人设"的时候,商家就可以从主播的闪光点入手打造。比如,一个性格开朗、幽默的人,在直播的过程中就可以充分发挥并利用这种幽默,把幽默设置成自身的标签。

第二,找到一个适合的风格。在选择直播风格时,商家一定要充分考虑主播的性格,选择的风格一定要与自身完美契合,切忌为了打造"人设"而虚构出某种形象。

9.3 规则3:维护老用户

对于主播来说,能够长期维持人气的诀窍就是维护老用户,老用户也可以被称为忠实粉丝。

一般而言,在无意中进入行直播间的新用户购买商品的概率很小,对于直播间中主播的信任程度也较低,但是忠实粉丝就不一样了,他会在信任你的同时信任你的产品,所以这些人购买商品的概率就会大很多。

因此,主播的忠实粉丝越多,在直播带货的时候,人气就会越高,这样更容易吸引其他的用户进来。

维护老用户的渠道：核心用户群

对于直播运营人员来说，一开始不要想着马上就能拥有大量用户，应该先运营核心用户群。什么是核心用户群？就是那些始终观看直播，并对直播的商家或个人产生认同感的人。直播的商家或个人先要把这部分人聚集在一起，与大家多交流。让群成员可以在轻松的氛围下畅所欲言，相互认识。

在稳定了核心用户群之后，直播的商家或个人可以根据群聊天内容进行分析，重视核心用户对直播提出的建议，更好地指导直播的运营工作。为了方便管理，直播运营人员可以在社群里找一个具有号召力和管理能力较强的小伙伴来对社群进行维护。

如果直播的商家或个人在核心用户都没到位的情况下直接建设大群，这样的社群很容易垮掉。但有了核心用户群之后，效果就不一样了，核心用户会带领整个群向正确的方向发展，不用担心会跑偏。

需要注意的是，直播的企业和个人在维护核心用户群时，可以使用准入制。设置一个门槛，只让核心用户进群。

9.4 规则4：合适的时间安排

很多主播通常会对自己的开播时间感到十分纠结，在晚上开播，观众比较多，但这个时间段基本也都是一些头部主播的主场，对流量的争夺非常激烈；而白天主播虽然竞争少，但是观众也少，直播效果难以保证。

由此可见,了解各个时间段的直播情况非常重要。为了让主播不再为开播时间发愁,以下是我对各个时间段分析,希望对大家了解直播情况有所帮助。

9.4.1 各时间段直播的解析

1. 05:00-10:00

这个时间段的观看人数是最少的,因为大部分年轻人还在休息,不过,开播的人也很少,新手主播可以选择在这个时间段直播,假如能服务好这个时间段的用户,那么直播的效果也会非常不错。

2. 13:00-17:00

这个时间段的观众比早上多,相关研究显示,这个时间段的观众都比较好说话、容易被人劝服,因此,在这个时间段直播,如果主播会说话,能戳动观众的心,那么很有可能将带货的商品卖出去。并且,这个时间段里,也没有头部主播跟你竞争流量。

3. 19:00-24:00

晚上这个时间段,是各大主播直播的黄金时间段,也是各个观众纷纷冒头的时间段,建议新手主播尽量避开这个时间段,等用户积累到一定的程度，再转战这个黄金时间段直播。

4. 00:00-4:00

这个时间段比较"微妙"，之所以这样形容它，是因为人的意志力在这个时候是最为薄弱的、最不理智的，用户在这个时间段遇到自己喜欢的东西时往往会毫不犹豫地下单，并且这时很多大主播也纷纷下播，因此对于很多中小主播来说，是一个很好的直播机会。

总之，新手主播要尽量避免在 20:00-01:00 这个时间段直播，商家应根据自己店铺的运营类目、直播内容，做好直播时间规划。

9.4.2 活动的时间安排

根据我的直播经验，除了日常直播，每隔一段时间举办一场直播活动，很容易实现带货。

一般情况下，直播活动都会安排在节假日。每逢佳节，各个直播间都非常热闹，会上线各种各样的主题礼物供用户选择。

除了节假日的活动，直播运营人员根据周期，比如一周、一个月等时间周期来推出店铺活动，这样既能吸引用户参与，也能根据这个周期来调整自己店铺直播的内容。因为，对于很多中小主播来说，初期做直播核心在转化，不在流量。

节假日的直播活动，一定要安排给用户发放福利的时间，直播运营人员可以准备一些礼物，直播时开展游戏，活跃直播间的气氛，或者在用户群里发红包，这样做会吸引到一些新用户，增加直播间的热度。

总之，直播运营人员要学会合理安排直播时间，形成专属的直播节奏，相信直播间会做得越来越专业，获得更多用户的关注。

9.5 规则5：打造一个被千人千面算法识别的标签

标签是影响流量分配较大的因素之一，现在很多直播平台都是根据千人千面的算法展示内容的，而标签是被系统识别的前提。

9.5.1 不可忽略的标签很重要

标签就像是直播的一张"微名片"，随着直播规则的不断调整，获得直播平台的流量的方式也格外百变。在这种情况下，直播标签也成为获得流量的方式之一。

1. 直播标签所带来的流量更精准、更优质

通常情况下，我们总是认为一个店铺的访客越多，其流量越高，其实不然，很多情况下的访客流量都不是优质的流量，例如：我在浏览某些网页或者朋友圈的时候，看见很特别的衣服，会出于好奇心点进店铺的直播页面看看，这个时候，我其实是没有购物意向的，因此，我在这家店铺消费的概率就很低，所以，这种依靠访

客来估算流量的方法并不可靠。

但店铺的直播标签就不同了,比如我想在淘宝买一条牛仔裤,那么我需要在手机淘宝中搜索关键词"牛仔裤+男",如果看到合适的裤子,那么我就会直接下单。

其实,直播标签就是以"人群+货品+主题"为导向的,和商业直播的"人、货、场"相贴合,主播对产品"越了解、越专注",直播更贴合场景化,那么直播获得的流量精准度就会越高。由此可见,店铺的直播标签所带来的流量更精准、更优质。

需要注意的是,自从淘宝引进"千人千面[一]"的算法后,店铺的直播标签化问题却越来越多。如果标签和店铺产品的契合度不高,那么就会影响该店铺直播所带货的产品的转化率。

2. 小标签有助于中小达人和商家提升用户黏度

千人千面的小标签,给很多垂直细分领域的商家提供了很好的机会,在这种垂直标签的影响下,可以让他们从很多大主播那里挖掘到更多自己的忠实粉丝。

9.5.2 如何打造一个被千人千面算法识别的直播标签

很多时候主播通过直播带货,卖的就是标签。那么,主播应该

[一] 淘宝通过判断买家标签和店铺标签,在买家淘宝购物的过程中,通过双向的匹配,给不同的买家展示不同的商品。

如何打造专属于自己的标签呢？对此，我的建议是：标签的打造切忌随心所欲，需要符合自身特征。

具体来说，主播可以从以下几点着手，去打造专属于自己的标签。

1. 分析自己最擅长的事情

在打造直播标签的时候，主播可以从自己最擅长的事情入手。

比如，"口红一哥"李佳琦在从事直播行业前，曾是欧莱雅柜台的彩妆师，给别人推荐彩妆这件事本身就是他十分擅长的事情，因此在打造自己的直播标签时，他就充分利用了自己的这一优势，成功打造了自己的"美妆"标签。

2. 统计头部主播的直播标签和时段

要想打造一个被千人千面算法识别的直播标签，我们还需要"知己知彼"。在这里，我建议大家做一个表格，将不同类别的头部主播每天的直播时段和选用的标签统计出来。

做这个表格的目的是为了最大限度地躲开竞争对手，这是因为在同一时段下，如果你和其他相同类别的头部主播同时开播，你的直播间一定没有什么流量。通过这项统计，你就可以清晰地知道哪些标签是冷门的、哪些标签即使选了也竞争不过对手，从而选择适合自己的最佳标签。

3. 根据自身竞争力大小选择标签

对于流量不稳定、竞争力较弱的中小主播而言，直播标签的测试与选取一般有两种方法：

（1）迅速抢占新标签

主播可以通过逐渐优化直播间产品来匹配到相关的精准流量，迅速抢占新标签的制高点，从众多竞争者当中脱颖而出。

（2）轮番测试相关标签，选出最优

在选择自己的标签时，主播可以用 3~5 天的时间，把每个相关标签提前测试一遍，通过测试结果选出一个最优的标签。

这两种方法其实都是在帮助主播找到适合自己、对自己流量帮助最大的标签，比较适合新手主播采用。而对于那些相对成熟、并且竞争力较强的主播来说，可以直接选择流量基数比较大的标签。

总而言之，主播在直播的时候，可以跨类目选择标签来测试流量大小。店铺主播可以利用同类目小标签来测试流量，建议最低以 3 天、1 周时间作为调整基数，并且主播需要不断地试，同时也要注意搜集和分析大主播的标签，找到平台对标签分配流量的规律，这样才能打造出被千人千面算法识别的直播标签。

9.6 规则6：把公域流量转化为私域流量

直播带货的基础是获取流量，流量在哪里，销量就在哪里，没有流量，就如同空中楼阁，产品再好、主播再厉害、直播策划再完美，一切都是空谈。

那么，流量从何而来呢？如何让流量产生最大价值呢？

关于这两个问题，我的回答都是：把公域流量转化为私域流量。

9.6.1 什么是私域流量

在回答这一问题之前，我们不妨先来了解一下什么是流量池。顾名思义，流量池是指拥有巨大流量，可以源源不断获取客户的渠道，淘宝、百度、抖音、微博等平台都是流量池。

根据流量池属性的不同，又可以分为公域流量和私域流量两大类。

所谓公域流量，就是指各大流量平台上的公共流量，它属于大家共享的流量，而不属于任何企业、品牌或个人。公域流量的范围很广，比如，淘宝、百度、抖音、微博，以及大众点评、美团、58同城等服务性质平台上的流量，都属于公域流量。

与公域流量相对应的便是私域流量。简单来说，私域流量就是指企业、品牌或个人将平台或外部的流量引导并存储起来，变成自主拥有的流量。比如，看到微信朋友圈分享的直播链接点击进入直播间的用户、观看淘宝直播后进入店铺微信群的用户等，这些都属于私域流量（见图9-1）。

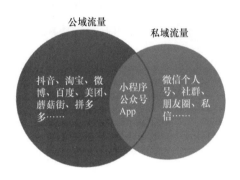

图9-1　公域流量与私域流量对比

9.6.2　为什么要把公域流量转化成私域流量

据统计，中国当下有近10亿互联网用户，这些用户平均每天在线时间接近5小时，他们在网上社交、购物、看影视剧、玩游戏，其所在渠道每天都会产生难以计数的流量。如果我们把互联网想象成漫无边际的汪洋大海，那么，那些在互联网世界中的上网用户就是大海中自在畅游的"鱼"，对于这些"鱼"，所有人都可以凭本事去捕捞，或者花钱雇人捕捞。并且，随着捕"鱼"的人越来越多，捕"鱼"的成本也将越来越高。

其实，把公域流量转化成私域流量的过程，实际就是借助一定的方法从流量的"大海"中引流，把原本生活在公共领域的"鱼"引入自家池塘中进行饲养的过程。

很显然，相较于畅游在汪洋大海中正被越来越多的人捕捞的"鱼"，养在自家池塘中的"鱼"无论是捕捞成本，还是管理成本都更低，且更便于双方接触、产生信任。

总结一下，相较于公域流量，私域流量主要具有以下 5 大优势（见图 9-2）。

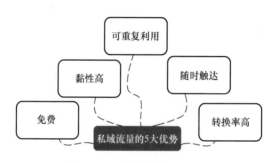

图 9-2　私域流量的 5 大优势

从图 9-2 中不难看出，通过沉淀和积累的方式所获得的私域流量，是比公域流量更精准、转换率更高的优质流量，它是企业、品牌或个人的私有数字化资产。

在进行直播带货的过程中，如果能够巧妙地使用技巧和策略将公域流量池中的流量引入到自己的私域流量池，那么，你就拥有了更强的带货能力。并且，因为摆脱了第三方平台的束缚，把各个渠道的流量完全整合起来并掌握在了自己手中，获取流量的成本也将大大降低。

这也是我强调在解决直播带货流量问题时一定要注重积累私域

流量的根本原因。

9.6.3 如何将公域流量转化成私域流量

养在自家"鱼塘"的"鱼"固然好，但前提是，你得先想办法把畅游在"大海"中的"鱼"捕捉到自己的"鱼塘"中。

在这一点上，下面案例中的主播就为我们做出了很好的示范。

【案例分享：淘宝直播打通私域流量，引爆成交】

我有一位朋友××，他会做各种各样的黄豆酱，同时他还经营着一家卖黄豆酱的淘宝小店，为了提高店铺销量，××选择了"微信引流＋直播带货"的方法。

首先，他充分发挥自己的专长，建立了一个专门卖黄豆酱的微信群，将一些已经在店铺内成交和有购买意愿的用户成功引流到了微信群。与此同时，他也在自己的微博、抖音、小红书和朋友圈上发布了免费教做黄豆酱的内容，将各大平台上有意向学做黄豆酱的用户吸引到了微信群。

在有了一定的流量基础后，他开通了自己的直播账号，开始进行直播教学，他直播的脚本非常简单：有时候，美味就在一瞬之间。

因为前期积累了大量的私域流量，××的每场直播都人气爆棚，而这些观看直播的用户，大部分都是有购买需求的精准用户，再加上直播特有的带货魅力，于是，××每一场直播的成交量都能达到预期，他的淘宝店销量也迅速上升，店铺很快就完成了升级。

对于直播带货而言，流量很重要，流量的转化率更加重要。尤其是对于那些刚开始尝试通过直播带货的主播而言，如何获取高转化率的流量更是亟待解决的第一道难题。而在这一点上，小米为我们做出了很好的示范。

通过建立社群，在正式开始直播带货之前，小米积累了一大批忠实用户，成功将公域流量转化成了有购买意向、高转化率的私域流量。这关键的一步，也为它后来的直播带货打下了坚实的基础。

这种通过将QQ、微博、微信、抖音、小红书、蘑菇街等具备连接价值、被用户重点关注的自媒体平台充分利用起来，构建自媒体矩阵、建立社群、打造个人IP、积累忠实用户的做法，也是将公域流量转化成私域流量的常规做法。

其实，从表面上看，互联网上似乎有无数个流量渠道，有的主播会认为目标用户分散在其中，积累私域流量也难以下手。但实际情况并没有这么复杂，因为90%的用户都聚集在最常见的那几个渠道中，比如微信、微博、百度、淘宝、京东、抖音、拼多多、美团等。因此，主播在建立自己的私域流量池时，只需要抓住几个主要渠道，并利用这些渠道的特点和规则，构建自媒体矩阵、建立社群、打造个人IP等，只要达到成功引流的效果就可以了。

需要注意的是，在采用这种方式积累私域流量时，一定要对自己做好精准的定位，并且这个定位一定要符合自己接下来带货的产品属性。只有这样，我们所积累的私域流量才会具有更高的转化率、更有价值。

最后我想强调的是,建立私域流量并不是一件一劳永逸的事,引流到自家"池塘"的"鱼"也随时有可能逃走,而要想避免私域流量流失和枯竭,在稳定、持续引流的同时,主播还要持续不断地向用户输出有价值的内容,不断地与用户互动,建立起牢固的信任关系。

9.7 要不要买流量

在给新手主播培训时,我经常会给大家举这样一个例子:直播行业就是一个超级商场,你的直播间则是这个商场里的一间小店,而来来往往的流量就是逛商场的人,如果你能想方设法把这些人吸引到你的小店,最好再让他们从小店购买一点东西,那么,作为带货主播的你就成功了。

然而,作为"超级商场"中普通的一间"小店",怎样才能从分布在"超级商场"各个领域、各个角落的成千上万的"店铺"中脱颖而出,成为热门的人气"小店",吸引更多的流量呢?相信这也是许多主播都很关心的话题。

随着"流量"一词慢慢深入人心后,有很多主播为了给自己的直播间营造活跃的氛围,而去买流量,那么这种行为是否可取呢?

在回答"要不要买流量"这个问题之前,作为主播,你首先要解决的问题便是确定流量的来源渠道。

9.7.1 直播间流量的 4 个主要来源渠道

归纳一下,直播间的流量主要有以下 4 个来源渠道。

1. 平台的流量扶持

在如今这个算法时代,几乎所有的平台都偏爱"新账号",因此,不管是在抖音、快手平台,还是在淘宝平台,所有的主播在第一次做直播带货时,都会得到平台的流量扶持,这个流量扶持,也被称为"兜底流量"。

在现实生活中,尽管我接触过的大多数主播对自己的第一次直播流量都不太满意,但毋庸置疑的是,如果没有平台扶持的"兜底流量",直播的流量数据将会更难看。

以淘宝直播为例,淘宝直播对新主播的"兜底流量"扶持期一般在 60 天左右,最长不会超过 90 天;场观(每场观看人数)阈值下限在 500 左右,当场观下降至 500 以下时,平台会毫无理由的补充更多的流量进直播间,但这个前提是直播时长不能太短,场观的阈值上限在 1 万左右。

抖音、快手等直播平台也十分强调对带货主播,尤其是对新手主播的流量扶持,2019 年下半年,快手推出了百万主播扶持计划;

而抖音则启动了"黑马计划",在"黑马计划"中,很重要的一条便是为新直播创作者提供流量扶持,根据创作者的成长阶段,制定阶段性任务,助力创作者快速成长。

2. 付费流量

付费流量主要是针对淘宝直播而言的,是指通过钻展、超级推荐等付费方式将直播间的入口放到首页或者推荐位去展示以获得流量。

目前,淘宝直播还处于红利期,淘宝对直播的流量扶持也较为可观,因此从我个人的角度来看,主播没必要花钱去拉流量。如果你决定了要花钱买流量,那么,我的建议是在买流量的同时,一定要做好直播间的规划,否则盲目推广只能是赔了夫人又折兵。

3. 免费流量

免费流量又分为站内流量和站外流量两大类。

其中,站内流量是指平台内的流量。通常情况下,不管是在淘宝直播,还是在抖音或快手直播,如果主播在站内本身拥有的用户数量就很庞大,那么,做起直播来就会更容易,流量的转化率也会更高。

站外流量是指除了平台内的流量以外,直播间在其他平台所拥有的用户流量。

4. 活动流量

熟悉直播的人都知道，直播平台常常会举办一些活动，给予直播间额外的流量扶持，这些由平台举办活动带来的流量，就是所谓的活动流量。

严格来说，活动流量也属于免费流量的范畴，因为这一份流量比较特殊，基数也较大，所以在此我把它单独列为一类进行介绍。

以淘宝直播为例，淘宝经常会举办一些活动给予商家们额外的流量扶持，比如，淘宝在每月 11 号，会举办真惠选活动；在每月 26 号会举办打榜活动，这一天也被称为淘宝的打榜日。

像这样的活动淘宝还有很多，主播们只需要打开直播平台后台，点击活动报名链接参与活动即可。

9.7.2 到底该不该买流量

需要注意的是，我在这里给大家介绍的"买流量"，是针对直播间的付费推广，不是那种买虚假用户的行为。

随着直播行业的兴起，直播这个"大蛋糕"将被分得越来越小，对于一些成熟主播而言，他们已经积累了一定的用户，在各大直播平台里拥有头部效应，因此，对于那些尝试进入直播行业的新手主播来说，想要在短时间内获得大量流量还是有一定难度的。

所以，为了提升直播间的人气，我建议新手主播在前期为直播做一些付费推广。

比如利用淘宝的直播钻展工具，在付费之后，这个工具会将你的直播内容推荐给更多的用户。这是因为直播钻展主要是圈人群的，这些人群本来也是直播的主要观看群体，因此，如果主播将这个工具运用好，那么吸粉的效果也是立竿见影的。

上文我们只是以淘宝平台为例，其实，各大平台的付费推广工具都各不相同，比如抖音的"星图"、快手的"快接单"等。

第10章

商家必读：商家如何与主播合作及搭建直播团队

> 克雷洛夫曾说过："一燕不能成春。"对于直播而言，道理亦是如此。要想做好直播，光靠一个人的力量是远远不够的，直播也需要团队的合作。如果商家能明白这其中的道理，做好与主播的合作和直播团队的搭建工作，相信总有一天会打造出属于自己的春天。

10.1 商家和主播合作的 3 种直播模式

据我了解,如果不是专业的直播运营机构,其直播经验和能力肯定相对较弱,那么这时候,商家就需要借助有力的"跳板",比如与知名的、有经验的主播合作,然而合作的直播模式不尽相同,接下来,我将为大家具体介绍一下常见的合作模式(见图 10-1)。

图 10-1　商家和主播合作的 3 种直播模式

10.1.1 专场模式

专场模式可以理解为:在某个时段专门介绍某系列产品或单一品牌的直播,这种模式的合作费用通常以小时计算,一般为几千元至几十万元不等。

如果商家和主播的用户人群高度重合的话,我非常建议商家采取这种专场模式,因为其能够为商家带来以下优势。

第一,商家能够有效获得主播方的用户流量,这些用户的黏性较高,线上完成转化的概率很大;

第二,依靠主播的专业性,商家能获得可靠的收益;

第三,商家能够直接获得平台流量的扶持。

不过在采取这种合作模式时，商家需要给主播做相关的产品或店铺信息介绍的功课，以提升他们对产品或店铺的熟悉程度，避免在直播的时候出现错误。

另外，我不建议中小商家采用这种模式，因为要想达到预期效果，这种模式所花费的成本较高。

10.1.2 链接费/服务费+佣金的模式

这里的链接费/服务费主要是指平台给品牌匹配合适的主播合作、分发推广以及制作视频等所产生的费用，实际销售后根据销售额还会产生佣金费用，其链接费/服务费的比例一般在10%~30%之间。

这种模式通常按照1个链接100~300元佣金的付费标准，来保障主播的收益。

10.1.3 纯佣模式

这种模式是最适合中小商家使用的模式，是指商家按销售额（毛利、利润）的一定比例给主播提成。商家可以尝试选择一些新手主播进行直播带货，不过，纯佣带货的佣金比例是非常高的，基本不低于销售额的30%，有的甚至达到50%，如果商家卖的东西是高利润的产品，那么这种模式值得一试。

需要注意的是，通常接受这种纯佣模式的主播要求会比较严苛，以淘宝直播为例，主播一般只接受有淘宝店铺的品牌，并且店铺的评分不能低于4.6分，产品销量也不能太差，对一般商家而言，建立合作有些难度。

统计现有的个人主播或者MCN机构筛选商家的规则，一般有以下3个方面。

1. 店铺动态评分

首先，三项店铺DSR动态评分情况（好评率、信誉点、产品评价）呈现全红状态（见图10-2），这代表店铺经营状况健康，如果商家达不到要求，很难进入主播的合作范围；其次，大多数主播目前只选择与天猫店铺合作，很少与只有淘宝店铺的商家合作。

图 10-2　某店铺 DSR 动态评分情况

2. 产品评价

主播和商家在合作前，都会查看所合作产品的评价信息，看看购买者的真实评价情况，从侧面检验产品的质量情况。

3. 配合程度

双方配合程度的高低会直接影响直播带货的效果，在直播过程中有很多意外因素，如果双方配合不当，就会对直播造成负面影响，比如在双方合作的过程中，有大量用户来到商家店铺咨询产品等相关信息，而店铺客服人员因缺乏充足准备而造成回复不及时、回复信息有误等问题，白白浪费了直播引来的流量。

以上介绍的 3 种合作模式，第 1 种适合规模较大的商家采用，第 2、3 种模式适合中小商家采用，商家需要根据自身的实际情况来选择适合的合作模式。

10.2　商家和主播的完整合作链路

了解完商家和主播的合作模式，我们再来分析一下商家和主播的完整合作链路，主要分为合作前期、合作中期和合作后期三个环节，一共有 13 个步骤。

10.2.1　合作前期

商家和主播在合作前期要完成 5 个步骤。

1. 洽谈主播

一般情况下，商家可以在平台直播间里搜索自己想要合作的主播，点击进入其直播间后，点击主播的头像并发送私信，说明事由和联系方式，如果主播对合作有意向，就会主动联系你，之后商家就可以和主播谈合作的细节。

2. 确认主播及合作模式

在和主播洽谈的过程中，商家或多或少会遇到"谈不拢"的主播，那么这时候，商家就应该及时调整策略联系下一个主播，进行多次筛选之后，选出一个最佳主播并确定双方合作的方案。

3. 主播审核产品

在正式合作之前，主播还会对商家进行考察，考虑商家的产品质量是否合格，是否值得直播，能否给他自身带来一定的收益和口碑。

4. 确认合作产品

主播会在商家的众多产品中选择一款或几款具有代表性并且能够吸引用户购买的产品。

5. 商家提供产品资料，配合主播整理直播脚本

双方确认完合作产品后，此时商家应该主动提供产品资料，让主播全面了解该产品，并且商家还要配合主播来撰写和整理直播脚本，写出符合产品定位、吸引用户购买的直播脚本，从而让直播带货达到预期的效果。

10.2.2 合作中期

商家和主播在合作中期要完成 4 个步骤。

1. 确认档期

有的主播合作的品牌商有很多,其直播时间也被安排得满满当当。因此,商家在和主播谈合作的时候,还需要和主播确认其档期,将直播时间确定下来,这样后面的直播工作才能有序开展。

2. 安排寄样

主播在直播间为商家带货的时候,手里需要拿着展示给用户的实际产品,不然用户会因看不到产品的真实样貌而顾虑重重。因此,商家需要给主播提前寄送样品。

3. 提前申请佣金链接

商家需要提前申请佣金链接,在直播开始前发给主播,主播确认之后就可以在直播完成后领取佣金。

4. 帮助主播熟悉产品及脚本

通常情况下,主播所接触的产品比较多,商家要想让主播在直播过程中帮其推荐特定产品并产生好的效果,就需要帮助主播熟悉产品脚本，比如试着从不同的角度来向用户全面展示产品的特点，否则当用户向主播提问产品的相关问题时，主播一问三不知，那么一定会影响这次直播宣传的效果。

10.2.3 合作后期

商家和主播在合作后期要完成4个步骤。

1. 样品到手

主播收到商家寄来的样品后，可以提前对样品进行研究和体验，从而根据实际体验对直播脚本进行适当调整。

2. 到期开播

到了和商家约定的直播时间后，主播如约、按时开始直播，在直播过程中，发挥自己的专业素养来帮商家直播带货。

3. 播后反馈

主播完成一场直播之后，商家可以根据直播情况向主播反馈并提出需要调整的内容，比如主播下次直播时需要重点介绍哪些内容、直播过程中已出现的问题在下次直播时如何调整等。同时，双方还需要根据直播过程中用户所提出的问题和对产品的某些期待，对直播脚本进行修改。

4. 7天后数据统计

主播直播完成 7 天后,商家需要对一周的直播数据进行统计,比如每天的直播用户观看量、产生的订单量等数据,并对这些数据进行分析,调整直播运营的策略,为下次直播做好准备。

以上就是商家和主播的完整合作链路,你学会了吗?

10.3 直播团队的构成和要求

了解完商家与主播开展合作的具体细节后,我们来聊一聊,如果是商家自己做直播,该怎样搭建自己的直播团队,其基本配置又是怎样的呢(见图 10-3)?

图 10-3 直播团队的构成

10.3.1 主播

首先,商家要找一个适合本品牌或者产品定位的主播,即考察主播的形象气质、专业能力等方面是否符合要求，其具体的挑选要求详见第九章。

事实上，商家在外部寻找长期合作的主播是一件很困难的事，因为让主播熟悉几款产品的特点很容易，但是让其熟悉企业的文化和企业的做事方式并非易事。

所以，我们建议商家在内部发掘有潜力做主播的员工进行培养，这样做不仅可以培养属于自己的 IP，还可以增加未来直播工作的稳定性，并且自己培养的主播也最懂企业的产品和文化，何乐而不为呢？如果商家有线下店铺或者代理微商渠道，也可以直接从中选择主播人选。

10.3.2　直播运营

一提到直播，很多人首先联想到的就是主播，但其实在一场直播的背后，离不开许多直播运营人员的支撑，直播运营人员是直播的主要操盘者，也是直播间的"导演"，可以说，一旦直播运营人员的策划方向"跑偏"，将会影响整个直播宣传进程的走向。

当下的直播工作对直播运营人员的专业素养要求比较高，并且要求其掌握多种技能，比如设计、策划、提炼商品卖点、数据分析等。如果商家的经营规模较小，我建议直播运营岗位可以设置 1~2 人，岗位人数不宜过多，这是因为整个运营的流程比较复杂，通常由 1~2 人来具体负责会让直播流程进行得比较顺畅，不仅意见容易统一，还能快速决策，对于商家而言，也能降低聘请成本。

如果商家的经营规模较大，就要扩大直播运营的岗位数量，招聘的每个直播运营人员都要对接一批直播 MCN 机构，商家可以用各项直播数据来对直播运营人员进行考核。

据我了解，阿里将淘宝直播作为未来重要的引流成交手段，2018 年，淘宝直播引导成交销售额达到 1000 亿元，未来 3 年要达到 5000 亿元，所有的天猫商家都设置了直播运营岗位，专门负责对接主播和 MCN 机构。比如御泥坊，还成立了直播事业部，至少有 15 个员工在负责直播电商这块的合作事宜。由此可见，直播运营这个岗位对商家来说是不可或缺的。

10.3.3 客服

客服是直播团队里比较重要的一个岗位，这是因为客服的主要职责就是为用户答疑解惑，如果客服不专业或态度不好，很可能会影响用户的最终购买行为。

因此，商家对客服人员一定要做好培训工作，特别要注意对外包客服团队的管理，如果外包客服团队不能承接好直播引流而来的用户，那么商家就需要自己搭建客服团队，并且让客服团队了解直播的内容并做好与直播引流而来的用户的对接工作。

10.3.4 直播助理

一提到直播助理,看过李佳琦直播的人一定能想到他的助理付鹏,两个人在直播间默契的合作,也为整个直播间营造了不少欢乐的气氛并且提高了人气。

直播助理的工作职责主要分为以下几个方面。

1. 帮助主播进行产品对接、样品整理、直播脚本整理;
2. 协助主播调节直播间的氛围,适当与用户互动;
3. 记录用户问题,并跟进解答;
4. 提醒主播一些容易忘记的事项,提出一些可行性建议。

从上述这些职责里,我们不难看出,直播助理其实相当于秘书的角色,他能够很好地帮助主播优化一些直播的细节,是主播进行直播的辅助人员。

综上,商家要想打造自己的直播团队,以上四种人员是必不可少的,同时我建议刚开始做直播、没有任何经验的商家,可以聘请专业人士对自己团队的人员进行培训,从而慢慢提高自己直播团队的经验,打造一个属于自己的直播团队。

10.4 直播带货公式:引导需求+信任+值=100%转化率

目前,直播的风口和红利期仍然存在,未来三年,直播都将是电商行业的风向标,商家要想做好直播,需要做一系列的准备,比如干净、整洁的直播间、高清的摄像设备、直播前的引流工作等，这一切的准备工作其实都是为了激发人们的消费欲望。经过多年的直播经验，我总结了一个直播带货公式，即引导需求＋信任＋值＝100％转化率，实践证明它适用于任何需要直播带货的产品。

10.4.1 引导需求

在直播的过程中，为了提升直播间人气，主播要积极地引导用户，不要小瞧引导的力量，它在直播中发挥的作用是至关重要的。具体来说，在直播进行的过程中，主播可以从以下3个方面对用户进行引导。

1. 引导用户关注自己的直播间以及店铺

直播的时间一般都比较长，并且每个用户进入直播间的时间也不尽相同，因此，主播在直播的时候隔一段时间就要为店铺引流，比如，"朋友们，如果你们对这款产品感兴趣的话，可以直接进入我们的店铺购买，别忘了点关注！"

主播用这样的方式，可以加强那些容易忘记或第一次进直播间的用户对店铺的印象。

2. 引导用户增加互动点赞的频率

主播在直播过程中最需要的就是与用户互动，这样才会提升直播间的人气，直播间有了人气之后，用户下单的概率也会增大。

3. 引导用户评论，并主动回答用户评论

很多情况下，用户之所以不愿在直播间买货，是因为用户对商品始终存在疑问，而有的用户在观看直播时懒得提出来，那么这时候，主播就要引导用户将心中疑问全部提出，比如，"对于这款产品，大家还有没有想问的问题呢，可以全部提出来，我将为大家详细解答。"

这样，很多有疑惑的用户内心就开始"蠢蠢欲动"了，会相继抛出一些疑问，当主播一一回答完这些问题之后，用户对于产品的疑惑也被打消了，这时他们也许才会开始考虑购买主播所推荐的产品。

10.4.2 信任

做生意，做的就是信任关系。但是在互联网时代，越来越多的生意人为了牟取暴利，利用互联网的虚拟属性做着各种坑蒙拐骗的不当行为，以至于越来越多的用户对于商家都怀有极大的不信任感。

比如，大家常常能看到的电视购物节目，节目中的产品展示很直观，主持人的解说词也很令人心动，但一到最终购买产品的环节，就很少有人下单，这其实是因为人们对电视购物中的产品不信任，总是怕买到假货。

对于做直播电商也是一样的道理，如果商家不能获得用户的信任，那么产品就很难卖出去，这个信任关系该如何构建呢？

在第九章中，我曾提到头部主播需要打造"人设"，"人设"就是获取用户信任的一扇窗口。

1. 拥有一个合适的直播"人设剧本"

要想打造直播"人设"，主播首先要拥有一个合适的"人设剧本"，所谓"人设剧本"，就是指主播在直播中所应展示的形象、发布的文案以及分享的内容。

"人设剧本"虽然有很多，选择一个合适的却很难。首先，主播要学会审视自己，对自己的性格和优缺点进行分析，必要时还可以请其他人对你进行客观的评价，得到自己的审视结果后，主播可以拿着结果去和各种各样的"人设"进行匹配。

俗话说："近朱者赤，近墨者黑。"主播在对"人设"进行匹配的时候，需要选择一些做得比较成功的"人设"，给自己设立一个长线的"人设"目标。给大家举个例子。

小王是一名家庭主妇，为了赚钱补贴家用，她决定在直播间中卖家乡的橘子，为了给自己建立一个适合的直播"人设"，她找到了拼多多著名主播李闪的直播节目，边看她的直播边学习直播模式。

从李闪身上，小王找到了自己与她的一些共同点，比如她们都是十分勤奋和努力的人,并且都是拥有属于自己品牌的女性商家。

确定了自己的长线目标"人设"后,小王开始打造自己的"微直播花园",最后也依靠直播成功带货,让自己家庭的生活水平变得更好。

在这个案例中,小王借助已有的成功"人设"并且不断学习该"人设"下的直播模式,最终取得了成功。

需要注意的是,主播在借助别人的"人设剧本"时,不要一味模仿与照搬,不然会引起用户的质疑。因此,主播在找到与自身相匹配的"人设"后,需要对其进行全方位的分析,找出可借鉴的点,作为自己"人设剧本"的素材,将各种素材整合后,才能得出属于自身的独一无二的"人设剧本"。

2. "演"好直播"人设剧本"

这里的"演"并不是表演的意思,它是指努力实现,而"演"好直播"人设剧本"则是指努力实现目标的过程。

主播要与"人设剧本"保持一致性。对于"人设剧本"中的要求,主播是否满足,如果有些最基本的能力主播也不具备,那么就要去下功夫补回来。在这个过程中,因主播要不断丰富自己的"人设",必须要搜集相关资料进行学习,所以主播要时刻保持一颗好学的心、不断充实自己,这也是"演"好直播"人设剧本"的必要条件。

我们在平时所看到的那些成功的直播"人设",其实有很多人一开始并不是就像直播间中所展现得那么完美,都是通过后期的学习、通过一点一滴的积累慢慢达到的。

10.4.3 "值"

这里的"值"其实就是指直播的内容,现在依然是内容为王的时代,很多用户买东西会考虑产品的性价比,就算主播夸得再好,要是用户收到的产品不尽如人意,那么这些用户下次也不会在你这里买东西。因此,对于刚进入直播行业的商家而言,要先把产品做好,有了产品的质量基础,后面引流而来的流量才会源源不断。

商家做直播的目的在于变现,那么直播带货的转化率就显得尤为重要,假如大家能够把握好这个带货公式:引导需求 + 信任 + 值 =100% 转化率,那么相信你的直播间的转化率一定会有所提升。

第 11 章

产品供应链：常见的 5 个直播供应链玩法

> 英国著名供应链专家马丁·克里斯托弗曾说过："市场上只有供应链而没有企业。"确实，随着直播行业的迅速发展，直播带货使产品销量得到了质的提升，招商已经无法满足直播间货品的需求。而在直播间里，产品的供应是维持商家直播运转的重要源头，如果没有充足的产品供应，那么直播电商也做不长久。

11.1 直播产品供应链的发展趋势

直播机构的工作是培育主播，帮助商家带货。在孵化新主播的这一过程中，直播机构发现培育初期主播时的货源只能依托于商家寄样，慢慢地，直播间的用户对货品的需求仅仅依靠招商解决已经无法满足。

2018年，很多供应链机构没有意识到直播行业会再次火爆，于是出现了"超卖"的现象，尤其是针对女装的直播带货，一个主播每天进行直播一场，至少在直播间中展示40个款式，如果是5个主播，则每天要展示200个款式，这样算下来，一个星期则要展示1400个款式，相当于Zara品牌一个门店的货品数量，结果在2018年9月10日，就出现杭州、广州的夏秋装都被卖光的现象。

淘宝直播负责人赵圆圆在发布《2019淘宝直播生态发展趋势报告》时，立下了1900亿元的成交计划，平均每天5亿元左右。他一再强调，直播要从开始的有货卖，到之后以直播间的销售节奏来反向要求供应链。

所以，主播要想找到好货源，一定要先找到供应链机构。比如，你想做服装类主播，一定要到离供应链机构近的城市发展，比如杭州和广州。

于是，服装类主播便走出了三条路。

一是依托强大的招商能力，继续从线上招商，解决商品款式的更新问题；

二是依托现有的电商运营团队，自己开店解决货品问题；

三是从线上走到线下，与批发市场合作。

直播的早期阶段，随着主播的成长越来越快，部分给主播供货的供应链机构尝到了甜头，于是会有越来越多的机构加入进来。另外，主播对货品的要求将越来越高，而平台也有意推动这个业务的进程，于是便产生了品牌直播基地、线下市场直播供应链等模式，杭州九堡直播基地就是一个典型案例。

2019年伊始，越来越多的人意识到了直播供应链的重要性，于是纷纷参与到直播供应链的发展浪潮中来。这也使得供应链的形式从单一模式向多元化模式转变，转变过程大致分为4个阶段（见图11-1）。

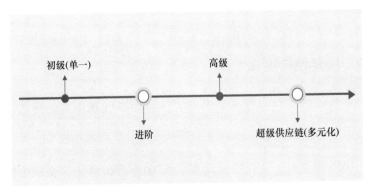

图 11-1　直播供应链的 4 个阶段

在这 4 个阶段里，每个供应链机构都根据自身所具备的能力，瞄准市场定位，钻研核心竞争力，进行精细化运营。

常见的直播供应链玩法有以下 5 种，本章将为大家详细解读（见图 11-2）。

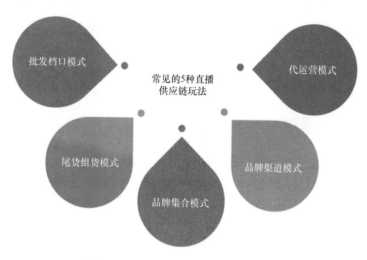

图 11-2　常见的 5 种直播供应链玩法

11.2　批发档口模式

下面，我将为大家分享第一个直播供应链模式——批发档口模式。

2020 年 2 月，艾媒咨询发布了《2019-2020 年中国批发市场直播电商产业调查及发展趋势报告》，这份报告对我国批发市场直播电商的发展进行了总结与分析。其数据显示，截至2018年，现存的批发业企业法人单位有354.2万个，全年营收达72.3万亿元，与2013年相比增长44.9%。

同时，随着直播行业的快速发展，不少生产厂家通过布局网络销售渠道，开启自家直播，用自身的价格优势来吸引终端用户。

生产厂家之所以纷纷转战直播，是因为相对于其他电商模式，直播电商的传播路径更短、效率更高，非常适用于交易量庞大的批发市场。因此，批发档口模式已经成为一种新趋势。

这种模式的供应链主要存在于批发市场中，其实现方式有以下三种。

第一，单个档口与线下市场"走播"（在市场里边逛边买的模式）的主播合作；

第二，将批发市场商户整合为供应链机构，邀约主播进行直播；

第三，由第三方或者物业牵头组织档口加入其中，一起做成供应链机构。比如之前淘宝平台做过的活动"老板娘驾到⊖"。

任何事物都有两面性，批发档口模式既有优点，也有缺点。

⊖ 2018年12月18日，"老板娘驾到"第一季全面启动。活动以市场为导向，以档口为载体，主要分为两大板块进行，一是成熟主播到达广州帮助广州的市场档口带货，二是淘宝直播帮助档口老板娘自己做主播。

11.2.1 批发档口模式的优点

批发档口模式的优点主要有以下两个方面。

第一，款式更新比较快，种类多样，性价比极高，很受"走播"主播的欢迎，这种模式能帮助新手主播快速成长。

第二，如今市场上的产品琳琅满目，令人目不暇接，因此用户更加需要专业人士的指导，而在批发档口中直播的主播正好能够与掌握产品信息的商家直接沟通，帮助用户选择适合的产品，降低用户在购物过程中挑选产品的时间成本。另外，批发档口的产品价格较市场销售价格优惠不少，因此，用户更愿意购买主播推荐的产品。

11.2.2 批发档口模式的缺点

批发档口模式的缺点主要有以下几个方面。

第一，档口数量较多，管理难度较大，目前还没有形成有特色的、较为专业的直播供应链模式，因此，对于一些刚开启直播通道的商家而言，是一个很大的挑战。

第二，批发档口一般不会承担退货责任，不提供退货服务，这很容易引发用户的不满情绪，因此，对于服装这种高退货率的直播类目来说，很多批发档口不愿意自己组织直播带货，害怕店铺用户流失，或者拉低店铺评价分数。

目前，批发档口模式比较适合针对小商品的直播带货，比如世界闻名的义乌小商品城就是靠商品优势和直播的流量优势，开辟出了一片销售的新天地。

11.3　尾货组货模式

2016 年至 2018 年的两年时间里，绝大多数的淘宝主播并不是只带货新款产品，他们更多时候也带货尾货市场的库存产品。

也许有人会问，尾货是平时卖不出去的产品，用户会因销售模式的不同而买单吗？

答案是肯定的。

对于刚起步做直播的商家而言，如果只是带货新款产品、不销售尾货产品，那么很容易会出现"赔本赚吆喝"的情况，而尾货产品可以为直播带货提供两个"撒手锏"——低价和补贴，为用户提供无法抗拒的购买价格。

这种模式下的供应链机构前身就是尾货商，其手上掌握着大量的尾货货源，通过建立直播团队服务于主播，或与直播机构合作建立新的销售渠道。

11.3.1　尾货组货模式的优点

尾货组货模式是目前常见的供应链模式之一，此类型的供应链优点主要分为三个方面。

第一，尾货数量大、款式多，库存充足，商家不存在没有货源供应的情况。

第二，尾货的性价比极高，商家销售的毛利率也很高。

第三，商家利用尾货可以进行各种促销活动，如打折、秒杀等，对直播涨粉很有帮助，同时也深受主播的青睐。

11.3.2 尾货组货模式的缺点

此类型的供应链缺点主要分为两个方面。

第一，货品较为陈旧，库存量比较大，但单个产品的库存数量不多，卖完就没有了。而且，大量收购尾货对商家资金要求比较高，很多供应链机构因此倒闭。

第二，目前市场上的尾货销售和过去的尾货销售有些不同，例如在过去销售尾货时，我们可以直呼其名（说出尾货品牌）地售卖，但如今在各大直播平台上，这种做法是不允许的，如果你没有得到品牌商的授权，那么直播平台将通过自动检测，对出现此类问题的直播账号进行警告，甚至是封号。

在这里，我想举一个成功的案例，之前，我的同事经常会在一家专卖尾货的秒杀店购物，出于好奇，我也去"围观"了一下，这家店铺的模式是"一周一新"，即每周都会更新店铺产品，整个店铺的产品几乎每周都会被卖空，并且这家秒杀店并不是短暂地销售一段时间,它一直凭借自身尾货的"独特性"而屹立不倒。如果商家能够利用好尾货组货的模式,那么就算是卖尾货,也能使生意火爆。

对于刚接触直播电商的商家而言,不妨使用尾货产品和新款产品的销售组合来进行直播带货。

11.4 品牌集合模式和品牌渠道模式

品牌的供应链模式主要有两种,一种是品牌集合模式,另一种是品牌渠道模式。下面具体分析一下这两种模式。

11.4.1 品牌集合模式

简单来说,所谓品牌集合模式,就是指供应链利用自身优势资源,通过和线下专柜品牌合作,建立自己的直播基地,并邀请主播来带货。根据我的直播经验,这种模式所带货的产品一般以过去一年的老款产品为主,优惠力度相对较大,其中也不乏新款产品,但优惠力度不大。

目前的品牌直播基地基本上都使用这种模式,其对应的大型直播活动有超级内购会等。

要想真正理解品牌集合模式,可以从以下两个角度来看。

1. 经营方式

品牌集合模式的经营方式具有三大特点。

第一，多品牌共享供应链资源，统一管理供应链；

第二，利用渠道资本而非生产资本；

第三，品牌资源丰富或货品渠道多样。

2. 品牌集合模式的归类方式

品牌和品类组合方式是直观、简单的，通过品类和品牌多寡矩阵组合来判断，如图11-3所示。

图 11-3　品类和品牌多寡矩阵

（1）品牌集合模式的优点

品牌集合模式的优点在于所有库存风险均由品牌方承担，供应链机构实际上就是赚取差价的中间商，并没有太大的库存风险。

比如"淘宝腔调 Tao Style"门店，它集合了近 30 家服饰和鞋包配饰类品牌，包括卖家品牌"Ayuko""LAMPS""步履不停""ROARINGWILD""THESSNCE""市井蓝染"等。

众所周知，相较于传统零售，直播带货最大的好处在于销售时间和空间不受限制。商场的营业时间一般是早上 10 点至晚上 10 点。但是对于线上消费而言，晚上 8 点至凌晨 2 点，是年轻人活跃的时间，也是高频消费时段。

考虑到这一点，"淘宝腔调 Tao Style"目前有 3 种直播方式。

第一，在商场的营业时间范围内，选择在直播间内直播；

第二，商场营业结束以后，"淘宝腔调 Tao Style"在线上继续营业，主播会在店内的休息区直播；

第三，以快闪店的形式，让用户在直播时主动打卡。

不仅"淘宝腔调 Tao Style"的主播会在线上进行全天候直播，入驻的商家也会参与进来，像品牌方"Ayuko"等，会不定时来店内进行直播并和用户互动。

"淘宝腔调 Tao Style"采用的模式就是典型的品牌集合模式，由"步履不停""ROARINGWILD"等品牌方提供货源，供应链机构赚取差价的同时，也没有库存风险。

除此之外，品牌集合模式的优点还在于供应链基地可以承办超级内购会活动，召集众多主播直播，能产生很不错的收益。

比如2019年9月20日，在浙江省桐庐县崇福镇的"爱嘟"皮草供应链基地里，蘑菇街主播cherry参与了一场皮草专卖直播。就在当晚，成交额突破100万元，刷新了cherry此前保持的最高纪录。之后，蘑菇街在杭州艺尚小镇举办的秋冬订货会上，cherry团队又和这家崇福最大的皮草供应链基地签下供货订单，稳定的货源为她冲击高销量提供了保障。

电商直播发展至今，这是第一次由电商平台组织举办的大型线下直播订货会。订货会集结了来自蘑菇街平台的200多个主播，300多个全国知名的直播供应链机构（能直接提供货源的工厂），基本覆盖了直播的全品类，包括美妆、百货、包配、内衣、家居、鞋服、食品等。除这些核心品类外，零食、洗护和近年来在平台上备受欢迎的珠宝品类都设有相应的展区。

整场订货会就像一个大型批发市场，各大商家都守在自己的展位上等待着主播上门挑选货品。主播们一边挑选款式一边体验面料舒适度，和商家互相添加微信号，建立带货意向。部分带货意向十分强烈的主播则会和商家或直播供应链机构约好时间，到基地的直播间测试款式，根据直播时的用户反馈最终确定直播的款式，补全订单信息。

为了让主播能够直观看到新款服饰的试穿效果，商家还在现场举办了多场新品秀，让模特们穿上自家的新品服饰并在现场临时搭建的T台上走秀，使主播们更快地做出交易决策。

订货会的意义在于将货源和主播进行匹配。对主播而言，直播后最怕货源在质量与数量方面不稳定。例如，有的供应链机构提供的同一款上衣，第一批货品的面料与第二批货品的面料有明显差别，用户体验较差。考虑货源稳定的问题，主播一般倾向于选择具有一定实力的优质品牌或者供应链机构合作，对于平台来说，其更有能力来集合这些优质的商家和供应链机构，而主播也倾向于参与平台组织的各种订货会。

（2）品牌集合模式的缺点

品牌集合模式的缺点是商家仅单纯依靠外部主播来售卖产品，而商家自身不生产产品，不做电商运营，也不会孵化自家主播，营收很不稳定，形成不了自己的核心竞争力，运营成本相对较高。

另外，供应链机构要维持30%以上的毛利，加价率一般在两倍以上，所以其提供的产品性价比不是很高，用户经常会在别的渠道发现有比商家的直播间销售更低价格的产品。

11.4.2 品牌渠道模式

与品牌集合模式不同的是，品牌渠道模式的供应链机构通常只有一个，即一家具有一定数量线下门店的品牌方，依托原有的资源打造自有供应链，定期开发一批产品并邀约外部主播合作，或者与几个适合自身定位的主播合作开发联名款产品，直播只是品牌方增加销售量的另一个渠道。

此类型的供应链机构所提供的产品通常款式较新，和主播风格匹配度高，直播转化率相对较高，销售利润由品牌方控制，利润空间较大，一般能达到 50% 以上，而且所产生的库存产品也可以放到线下门店出售，大大降低了库存风险。

但这种模式也存在一定的缺点，那就是由于品牌方开发产品周期长，产品款式更新频率较慢，很多此类型的供应链机构没有专业的电商运营团队，邀约外部主播难度较大且合作时间不好控制，所以此类型的供应链机构直播开播率不高，直播节目较少。

11.5　代运营模式

本节将为大家介绍最后一种供应链模式——代运营模式。

代运营机构通常有一定的电商销售经验、又具备一定的直播资源，帮助商家解决电商销售环节的各项问题，邀约主播为商家进行直播，同时还负责售后环节，这些机构只收取提成或者服务费。

这种模式比较适合那些没有做过直播电商的商家或个人，目前，国内做直播代运营的机构并不是很多，这是因为代运营模式无法很好地解决商家和机构之间的信任问题。

不过，代运营模式也有其可取之处。

11.5.1 代运营模式的优点

此类型的供应链模式优点是不需要场地、不需要准备货品、不需要承担库存风险，由一个懂直播的团队帮商家直接操盘即可，赚取商家的返点或者中间差价，其毛利也是固定的，没有其他任何约束。

具体来说，采用代运营模式的商家，经过专业团队的打造，直播带货可以得到不错的效果，最重要的是，这种方式能帮助商家省下不少心。

11.5.2 代运营模式的缺点

代运营模式的缺点有以下几个方面。

第一，这种供应链模式没有固定的合作商家，当大量的退货来临、大量的利润被分走，商家很快就会反应过来，不再和这种团队合作，这种模式适合双方短期合作。

第二，商家和机构之间存在不信任的问题。在很多时候，一些商家很难对除自身外的机构产生信任感，现实中也确实存在那些弄虚作假的机构。另外，商家对代运营机构有很高的期望，认为自己花了钱，就应该取得很好的带货效果，但有时因为多种因素的影响，带货效果不尽如人意，那么这个时候，商家就会认为该机构没有帮助自己实现目标，从而引发双方的信任危机。

第三，代运营机构不配合商家的工作。有些不专业的代运营机构和商家合作后，对于商家提出的一些要求，配合度极低，如商家希望对直播脚本进行一些调整，而代运营机构不予理睬，还是按以前的脚本直播等。

11.5.3 关于直播代运营机构的分类

直播代运营这种供应链模式，一般的收费方式是"服务费+佣金提成"，签约一般以季度为周期；还有的代运营机构只收取服务费，商家一般会按照主播的带货量来支付费用；还有一种是按用户数量收费的，不过这种收费模式比较少见。

目前市场上的直播代运营机构主要分为3种类型。

1. 全能型运营机构

这种全能型的机构通常会提供"一条龙"服务：主播人选、直播运营、场景搭建、脚本撰写、主题策划等，这种模式的机构有点像幼儿园的"全托"，目前，市场上还没有这种机构，因为全能型的代运营机构涉及的板块众多，可控性较差。

2. 网红代运营机构

通常这种机构会与相关品牌签约，共同孵化网红主播，孵化成功后的网红主播就会成为品牌的代言人，从而为品牌赋能，这种模式能够让更多品牌拥有孵化网红主播的能力。

3. 模块托管型机构

这种机构只是为商家提供主播培训、代播等几个模块的服务，对于核心的运营工作则由商家自己掌控。这种机构目前最受市场认可，如果商家选择这种代运营机构，运用得当的话，能为商家提高不少运营效率。

以上介绍的 5 个供应链模式是各大商家目前比较常用的模式，但随着时代的不断变化，相信未来会有更好的供应链模式出现。

第 12 章

危机公关：直播带货背后的信任纽带如何维系

在互联网时代，"道歉"也是一门艺术。当直播中出现"翻车"现象时，主播不要惊慌，学习危机公关方法，用诚恳的言辞来挽回用户的信任，解决直播危机。那么，我们到底该如何玩转"道歉"这门艺术，使直播成功"转危为安"呢？

12.1 危机公关无处不在

互联网时代，受多种因素的影响，直播行业很容易受到公共危机的影响，比如直播时"翻车"、主播的劣迹被爆出、主播在直播间无故发脾气等，这些危机事件往往会影响直播间背后品牌商产品的销量。

总体来说，公共危机主要分为以下几种类型。

第一，由于组织行为不当而引发的危机。这种危机的发生，通常是因商家在组织直播时，因工作方式不当而引起的公共危机。

第二，媒体的失实报道而引发的危机。有些记者为了营造噱头，往往在报道一个事件时"添油加醋"，导致社会舆论倒向不利于品牌商的一面。

第三，突发事件引发的危机。这种危机通常受外界因素影响较大，会导致组织形象突然受损。

从目前社会上发生的众多公共危机来看，其具有以下特点。

图 12-1 公共危机的特点

第一，多为突发事件。目前很多公共危机都是不可预见或者不可完全预见的，对于相关负责人而言，大多数事件的发生都是预见不到的。

第二，舆论关注度较强。公共危机一般都会受到社会大众的关注，这是因为危机处理的好坏会直接影响到社会大众的利益，因此危机事件发生后，会引发很多人的讨论。

第三，危害性强。公共危机处理得好，相关品牌很可能会"转危为安"，但如果处理不好，就会严重影响品牌的形象，甚至会彻底切断社会大众和品牌之间的信任纽带，带来严重的后果。

俗话说："每临大事，必有静气。"这应该是每一个主播都应具备的基本素质。危机越大，形势越不好，主播越要保持头脑清醒，千万不能惊慌失措，这也是危机公关的大忌。

在冷静之下，按照合理正确的思路来积极应对，妥善解决好与公众之间的信任问题，危机很快就会被解决。只要你在做危机公关的时候，态度认真、尽力而为、问心无愧，得到用户的理解和认可，相信用户也不会再在一些细枝末节处与你计较。

12.2 李佳琦直播不粘锅翻车，如何应对

2019年的"双十一"前期，李佳琦在直播中推荐一款不粘锅，不料竟然"翻车"了，直播中向用户展示的不粘锅明显粘锅，引来

用户和相关媒体的一阵吐槽。

但神奇的是，虽然李佳琦的直播"翻车"了，但并没有影响到这家不粘锅品牌的销量，这是为什么呢？

其实原因很简单，在这场直播危机之下，李佳琦和品牌方都较为合理地做了公关，打消了很多用户"认为网红卖假货"的疑虑，及时挽回了部分用户的信任。

那么，在这场事件中，商家和主播是怎样应对的呢？

12.2.1 主播在各大媒体平台正面回应

在不粘锅直播"翻车"后，2019年10月31日，李佳琦工作室表示推荐的产品没有问题，粘锅原因还不便回复；11月2日，李佳琦对此事在各大媒体平台上做出了正面回应，解释在直播间煎鸡蛋出现粘锅的现象，是因为在他在使用这款不粘锅时，没有按照说明书上要求的来做，即"使用前先放入水，煮沸后倒掉水"的"开锅"过程导致；并且在当天下午，李佳琦向记者展示了锅具说明书，并且在现场，同时在镜头前用旧锅和新锅做实验，实验结果显示，旧锅无油煎蛋不会粘锅，但新锅无油是会粘锅的。

同时，他还解释自己在直播中连说"它不粘"，是因为他以为直播间里用的是自己用过的好几个月的旧锅，毕竟他用这款锅时从未出现过粘锅情况。

在这次直播事件发生后,李佳琦之所以没有马上回应,是因为他们的工作室还未找到粘锅的原因,他认为在未弄清事原因之前,不能只怪品牌方,或者怪同事。

因此,在回应之前,李佳琦团队对此次事件进行了4~5天的复盘,即反复用这款锅做煎鸡蛋的实验,实验的考虑因素包括油、冷热锅、冷热鸡蛋,经过反复试用,他们发现如果是一口新锅,在没有煮过沸水的情况下,进行无油煎蛋,是非常容易粘锅的。

此前,针对此类事件,国家广播电视总局发布了《国家广播电视总局办公厅关于加强"双十一"期间网络视听电子商务直播节目和广告节目管理的通知》,该通知中明确规定:网络视听电子商务直播节目和广告节目用语要文明、规范,不得夸大其词,不得欺诈和误导用户。

针对这项通知,李佳琦也做出正面回应:"我很欢迎有关部门监管电商直播的这个行业。直播带货就好像几年前刚出现的电商一样,公众对其不了解甚至有误解,行业内也缺乏统一的规范,监管会让这个行业更规范,这也是行业良性发展的体现。"

纵观李佳琦团队的公关操作,我们可以总结出以下几点:

第一,实事求是,未弄清原因之前,不轻易下结论;第二,弄清原因之后,在各大权威媒体平台上做出正面清晰的回应,不含糊其词;第三,真诚道歉,表明自己正确的价值观立场。

12.2.2 商家及时做出合理解释

在这场事件发生后,很多用户对这款锅的质量产生了质疑,"炊大皇"品牌及时发布公告,声明直播所涉产品符合国家标准,并且表明由于操作方法不当,很可能引起不粘锅烹饪时发生粘锅现象。并且品牌方在官方微博曾指出李佳琦所使用的此款产品是符合国家标准 GB/T 32388—2015《铝及铝合金不粘锅》生产要求的,并且通过了质量检测。

当李佳琦做出回应后,有记者及时向天猫官方旗舰店的工作人员求证,其客服人员也告诉记者,此款产品如果没有进行"开锅"的过程,导致粘锅的可能性是有的。

通过商家和主播的回应,我们可以发现,两者的说法基本一致,能够及时给大众一个合理的说法,在一定程度上挽回了用户的信任,并且通过这次事件,李佳琦和该品牌的知名度有所提升,可以算是一个"转危为安"的危机公关的典范。

12.2.3 专家的专业解释

中国家用电器研究院测试计量技术研究所所长鲁建国曾在澎湃新闻表示:"我要提醒用户,所有产品应按照说明书的要求操作和使用。"从事锅具制造的业内人士也告诉记者,通常在烹饪过程中,以下几种情况很容易发生粘锅现象:

第一，温差较大的食物下锅；第二，不粘锅的涂层被破坏；第三，锅内温度过高，一般最高温度不能超过 250 摄氏度。

通过这些专业人士的回答，我们可以看出李佳琦和品牌方做出的回应较为真实合理，因此也具有一定的说服力。

总之，李佳琦这次的不粘锅"翻车"事件，其处理得当，主播和品牌方都没有刻意回避或捏造事实，而是积极寻找原因和并给予正面回应，给了所有质疑产品质量的人一个交代，因而品牌方和主播都没有因为此事受到太大的负面影响。